名师名校名校长

凝聚名师共识
回应名师关怀
打造名师品牌
培育名师群体

程明远题

小学数学

自主发展的研究与实践

苏小龙◎著

陕西师范大学 出版总社　西安

图书代号　　JY24N2554SY

图书在版编目（CIP）数据

小学数学自主发展的研究与实践 / 苏小龙著.
西安 ：陕西师范大学出版总社有限公司，2024.12.
ISBN 978-7-5695-5133-4

Ⅰ.G623.502

中国国家版本馆CIP数据核字第2025NB5486号

小学数学自主发展的研究与实践
XIAOXUE SHUXUE ZIZHU FAZHAN DE YANJIU YU SHIJIAN

苏小龙　著

出 版 人	刘东风
出版统筹	杨　沁
特约编辑	李东震
责任编辑	秦　云　王师伟
责任校对	刘　丽
封面设计	言之凿
出版发行	陕西师范大学出版总社
	（西安市长安南路199号　　　邮编 710062）
网　　址	http://www.snupg.com
印　　刷	北京政采印刷服务有限公司
开　　本	710 mm×1000 mm　　1/16
印　　张	14
字　　数	221千
版　　次	2024年12月第1版
印　　次	2024年12月第1次印刷
书　　号	ISBN 978-7-5695-5133-4
定　　价	58.00元

读者使用时若发现印装质量问题，请与本社联系、调换。
电话：(029) 85308697

序言

点亮孩子的美好未来

——记龙岩市名校长、漳平市实验小学校长苏小龙

有的人，或许会因为一句话而改变人生。对漳平市实验小学校长苏小龙来说就是这样。师范毕业时，一位教师给他赠言："桃李不言，下自成蹊"，这句话点亮了他心中的一盏明灯！品德高洁，谦逊务实，成了他毕生的追求和人生航标。从青涩年华的数学教师，到名满闽西的名校长、特级教师，苏小龙奋斗了20多年，也因了这句话，改变了他的人生色彩与深度。

苏小龙现任漳平市实验小学党支部书记、校长，是福建省特级教师、省"十三五"首批中小学名校长后备培养人选，获评福建省优秀教师，龙岩市第一批、第二批名师，龙岩市、漳平市两级名师工作室领衔人，福建师范大学基础教育课程研究中心优秀实验教师等荣誉。苏小龙成长的步履与教研紧密相连，做一名专家型教师是他的梦想，于是，经年累月，他在教研之海中遨游，累并快乐着。

从1998年起，苏小龙作为核心成员、主持人先后参加了十几项省级课题的研究。特别是2014年3月，国家级课题"能力导向的课堂有效教学"开题报告会在漳平市实验小学举行，苏小龙执教五年级数学"打电话"汇报课，得到与会专家的肯定，他创立的"一案三导"教学模式受到专家们的重视，高度评价开展针对性的导学、导教、导练触发了学生的学习兴趣和潜能，促进可持续学习，实现了以教师为中心到以学生为中心的转变。

这些年，随着课改的深入和校本教研的兴起，评优课、研讨课、"晒课"

异彩纷呈。在苏小龙校长看来，虽然这些促进了教师的专业成长，但也催生了一些值得思考的问题：一是课题缺少整合力，二是校本教研缺乏有效抓手。这导致出现课题研讨工作"树广种、花少开、果难结"的尴尬情形。面对这些问题，苏小龙校长首创以"一体三面"的校本教研方式寻求突破：即以省级课题为统领，做好子课题领衔小组、月教研活动、案例研讨三方面工作，通过"一群人走路"，实现教师从"要我教研"到"我要教研"的转变。他的典型经验"整合优化 提升校本教研实效"在《福建教育》2019年第9期进行了专题介绍。

当下，一些学校面临两个新问题：一是招了很多新教师，但他们还不能完全胜任教学工作；二是评上高级教师职称的教师，思想和专业成长进入高原期，但有点"缺氧"了。为此，苏校长及时推出三大工程："青蓝工程"，通过师徒结对和技能考核等方式把新手教师培养成熟练教师；"名师工程"，通过课题研讨和名师工作室等方式把经验型教师培养成教学名师；"卓越工程"，通过高端研修和教育科研把教学名师培养成教学专家。苏校长以身作则，连续六年带领龙岩市、漳平市两个名师工作室，培养了20名青年教学骨干，其中14人分别被评为龙岩市名师、龙岩市学科带头人、龙岩市教坛新秀和高级教师。

一路辛勤，一路歌。经过多年的实践与探索、沉淀与思考，苏校长撰写了50多篇教学论文或教学案例分别在《福建教育》《新教师》等刊物上发表或在省、市级交流，其中《核心素养视域下小学生推理意识的培养策略》一文在《福建基础教育研究》发表后被《小学数学教与学》转载。4项教学成果获省、市级奖项，其中《小学生学习方式的研究与实践》获福建省基础教育课程改革教学研究成果三等奖。

日前，苏小龙光荣地被评为龙岩市第三届名校长，从名师成功转型为名校长。"名校长既是荣誉，更是责任，我会不断努力，坚守一方育人乐土，用心用情当好教育的守望者，全力办好人民满意的学校，点亮孩子的美好未来。"苏小龙如是说。

《闽西日报》记者　曾志明

目录

第三篇　小学数学自主发展的教学实践

第四篇　小学数学自主发展的阅读与思考

自主学习，和谐发展

——我的教学主张

一、形成历程

从1998年起，本人作为核心成员、主持人先后参加了"指导—自主学习""新课程与学习方式转变""学科融合视域下小学数学生本教育研究"等十几项省级课题（含试点项目）研究。三十五年的实践与探索、沉淀与思考，形成了"自主学习，和谐发展"的教学主张。

二、基本内容

在小学采用有指导的自主学习方式，全面激发学生的学习兴趣，挖掘学生的潜能，培养学生良好的学习习惯，促进学生的全体发展、全面发展、差异发展、主动发展、持续发展五个方面和谐发展。

三、实施策略

（一）转变教学模式

采用"一案三导"教学模式，即在预习时学生完成《导学案》，课堂上开展针对性的导学、导教、导练的一种教学模式。这种教学模式有助于教师精准把握学情，充分挖掘学生潜能，实施有效教学，变"要我教学"为"我要教学"。

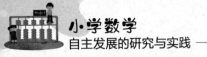
（二）转变学习方式

2018年，由我担任主编，团队编写了校本《导学案》（三到六年级，一套8本），包括"预习先行站"和"随堂快乐坊"（分层次后测）两部分。通过诊断性前测缩短了最近发展区水平，通过分层次后测了解学生的实际发展水平，激发学生的学习兴趣，形成良好的学习习惯，促进可持续学习，变"要我学习"为"我要学习"。

（三）转变教研方式

采用"一体三面"教研方式，以省级课题为统领，做好子课题领衔小组、月教研活动、案例研讨三方面工作，通过"一群人走路"，变"要我教研"为"我要教研"。典型经验"整合优化，提升校本教研实效"在《福建教育》2019年第9期进行专题介绍，为校本教研的开展提供借鉴。

四、实践应用

（一）理论成果

撰写《小学生应用意识培养的认知误区与策略》等50多篇论文，发表在《福建基础教育研究》等刊物上，其中《核心素养视域下小学生推理意识的培养策略》一文被《小学数学教与学》转载。

（二）实践成果

开设公开课或讲座50节，其中省级8节，市级20节，县级22节。2018年，参加海峡两岸教育交流，作为名师到台湾省开展"送教送培"，开设"集合"一课获得与会专家和教师的好评，撰写教育交流报告《面对面交流　心与心际会》在《新教师》上发表。

（三）辐射引领

领衔第一、二届龙岩市、漳平市名师工作室、第三届龙岩市名校长工作室，累计培养20位青年教师，成长为教坛新秀、学科带头人、龙岩市的名师和学校领导。从教以来每学年都积极参加"人才智力下基层""送教下乡""教育交流研讨"等活动。

第一篇

小学数学自主发展的

理论研究

整合优化，提升校本教研实效

——以"一体三面"教研方式为例

　　课改以来，教育发展步入了快车道，教师的教研热情得以释放。各级各类课题研讨如火如荼，评优课、研讨课、"晒课"异彩纷呈，教育论文遍地开花……这些变化极大地促进了教师的专业成长，同时也催生了一些值得思考的问题。从学校层面看：一是课题研究缺少整合力，二是校本教研缺乏有效的抓手。这导致学校教研资源优化配置遇到不少困难，容易出现课题研讨工作"树广种、花少开、果难结"的尴尬情形，这不利于教研工作推进和教师专业成长。面对这样的困境和问题，漳平市实验小学尝试以"一体三面"的教研方式寻求突破。

一、顶层设计，规划行动

　　顶层设计是运用系统论的方法，从全局的角度，对某项任务或某个项目的各方面、各层次、各要素统筹规划，以集中有效资源，高效快捷地实现目标。在我国，顶层设计现已成为一个被各行各业广泛使用的名词。同样地，学校实施校本教研，顶层设计也必不可少。学校教科研部门应统筹考虑工作的各层次、各要素，追根溯源，统揽全局，有效整合，在较高层面上寻求问题的解决之道。8年前，漳平市实验小学就对校本教研方式加以改进，实行"一体三面"的教研方式，即以省级试点项目为主体，做好子课题领衔小组、案例研讨和月教研活动三方面工作，打造优质、高效的新型课堂，培养学生自主学习能力，促进教师专业成长。

我们的具体做法是，以"新课程背景下'指导—自主学习'的深化研究"省级教改试点项目为统领，组织专家组成员和核心成员围绕项目总课题对课堂教学实验的基本条件、基本程序、基本特征、基本策略等有关问题进行细目化，成立14个分课题研究小组（每个分课题领衔小组含1名领衔核心成员、5~8名实验教师，同时部分分课题又以相对独立的身份在市、县立项），分别对"自主学习过程中质疑能力的培养""小学生数学自学能力的培养""低年级学生积累基本活动经验的教学策略"等分课题进行研究和攻关。学校还就校本课题研讨工作与教研共同体、名师工作室教研活动进行统一协调，对活动开展的时间、地点、人员、主题等要素进行统筹规划。实践证明，分课题领衔小组机制激活了课题实验载体，最大限度地激发了教师参与课题研究的积极性。在领衔人的带领下，研究小组成员研究目标和方向明确，分课题确立科学、合理，研究计划和方案全面细致。每个人都能在其中找到相应的位置，参与课题实验的热情高涨。如子课题"有效渗透小学生数学基本思想的实践与研究"就获龙岩市市级立项，而且课题领衔人苏蕉桂执教"解决问题"获2017年度部级优课，课题组研究论文《经历活动过程，感悟数学思想》《"阅读"教学，点到为止》也在相关教育刊物上发表。

山东师范大学曾继耘教授认为，教师专业成长要遵循模式和课题引领，经历无序化教学、模式化教学、个性化教学三个阶段，实现新手教师、熟练教师、优秀教师三个层次的蜕变。足见，明晰的顶层目标设计能够盘活学校的教研各要素，规划开展校本教研的路线图，激活教师的教研细胞，满足教师的成长愿望，形成生动活泼、科学有效的教师培养路径。

二、案例先行，深化研究

当前，学校普遍重视课题实践研讨，这是很好的现象。但仔细审视则会发现，有的研讨缺乏主题，没有围绕课题的阶段任务进行，各说各话；有的研讨变成了评课，只在乎课的好坏，没有关注课题的研究目标；有的研讨只关注进展，对存在的问题视而不见……载体的缺失让课题组之间、成员之间没有了抓手，研讨变成了"研讨秀"。寻找一个全员共同的载体，让课题组、实验教师之间都能在一起、长期地坚持研究非常重要。"一体三面"教研模式：以省级试点项目为统领，做好子课题领衔小组、案例研讨、月教研活动三方面工作。

"一体三面"教研模式的第二方面便是案例研讨，目的是统筹解决校本教研的载体之间如何"以大统小，小小关联"的问题。其成功做法是紧紧围绕课堂教学主渠道，一以贯之地推动和服务于课堂教学实践，促进研究的深入和成果的转化生成。

课题组从专业引领与案例设计两个方面入手，通过课堂验证把二者统一起来，着力形成具有一定普适性的教学策略。我校于1998年就被确定为教育部福建师范大学基础教育课程研究中心的实验学校。高位嫁接使课题组成员能够得到高校教授专家的直接指导，确保课题实验顺利开展。学校按照"案例先行—课堂验证—反复研讨—滚动提升"的研究思路，先后开展了"小学生'指导—自主学习'教学模式""小学生能力导向的课堂有效教学模式""基于智慧课堂的精准教学模式"等研究，探索出以《导学案》（包括"预习先行站"和"随堂快乐坊"两部分）为基础，开展基于学情的导学（课前预习）、导教（依据学情生成，课上及时修正教学目标）、导练（随堂练习）的"一案三导"教学实验。具体做法是，首先通过全校范围的案例评选，评选出优秀教学案例若干；其次，经由课堂验证，由实验教师将教学案例付诸课堂教学，经过多轮的观课、磨课、评课，使其成为能代表该教学策略的精品课；再次，进行教学策略的迁移，按照精品课的基本结构设计教学，检验新教学方法在不同条件（年级、班级、教师、学科、校际等）下的适用性；最后，建构提炼教学策略框架，对照相应的理论依据，提炼教学策略的基本结构、基本特征、基本原则、适用范围等，完成教学实验的理论升华与实践提升工作。

三、返璞归真，常态活动

苏霍姆林斯基曾言："如果你想让教师的劳动能够给教师带来一些乐趣，使天天上课不致变成一种单调乏味的义务，那你应当引导每一位教师走上从事研究的这条幸福的道路上来。"教师缺少的不是幸福，而是感受幸福的心灵。通过真实的、常态化的教学研究活动，可以使教师在团队合作中更睿智，在专业成长中更自信，进而由日常的教研活动中感悟研究的快乐与美好，享受成长的幸福。

从实际出发，基于学生发展、教师发展和学校发展是校本教研的三大基石。为了不偏离这一教育本质，漳平市实验小学于课改之初就着力于"指导—自主学习"的研究，而后转向能力导向的课堂有效性，构建"一案三导"教学策略，再到目前专注于智慧课堂的精准教学，长期关注、研究学生的可持续性学习。学校在整体规划的基础上，把课题研讨、教育教学和教师专业成长紧密结合起来，坚持开展好月教研活动，把集中教研转化为常态教研，提高校本教研的持续性和实效性。学校规定每个月最后一周的星期四、星期五为学校教研活动日，按照校本教研的整体规划，每个月至少由两个领衔小组进行课题实验进程汇报。首先，由各领衔小组围绕子课题及选定的开展课题实践的学科，具体阐述包括课题名称及其与总课题的关系、课题的缘起与意义、研究现状综述、研究思路与内容、研究方法、研究阶段、研究条件分析和研究结果呈现方式等八项内容；其次，由领衔小组全体成员集体备课，共同完成教学设计预案初稿，并对子课题要求进行理论论证；再次，由一名成员将教学设计付诸课堂反复实证，在此期间课题组成员根据研讨过程中出现的种种现象和问题进行深入剖析和诊断，提出切实可行的改进方案，当教学案例研讨基本成熟时由学校教研部门和课题组专家组织人员指导和验收；最后，再利用月教研活动日在学校、教研共同体或名师工作室范围内进行巡回观摩研讨。

同时，为增强广大教师参与的积极性，在评价激励方面，学校还采取了"两优先一助力"的办法，对积极参与校本教研的教师，给予优先推荐外出听课、培训，优先推荐评优评先，助力教师将研究成果实体化，如汇编优秀论文集、优秀课例集，录制优质课等。

实施"一体三面"教研方式，推行教研精细化管理，全力打造立体化、精致化、常态化的校本教研平台，盘活了校本教研各要素，激发了中青年教师参与教研的热情，把"要我教研"转变为"我要教研"。校本教研引领了教师的专业成长，教师专业成长促进了学生发展，而师生共同发展进一步推动了学校的科学发展。

［本文系教育部福建师范大学基础教育研究中心2018年度立项课题"核心素养下小学生应用意识培养策略研究"（编号：KC2018072的阶段性成果）］

"学科融合视域下小学数学生本
教育研究"的实践与思考

一、缘起

针对当下小学数学教育存在的教师本位、学科本位和成绩本位三个问题，我们确立了"学科融合视域下小学数学生本教育研究"这一课题，力求实现三大转变：第一，实现传统教育观念向生本教育观念转变，时下教育偏向教师主导的师本、本本、考本，本研究主动模糊学科边界，改变被动学习，挖掘学生潜能，回归"为好学而设计"的生本教育，实现拉动学生的"纤夫"向生命的"牧者"转变；第二，实现数学教学向数学教育转变，强调以学生发展为经，以学科融合为纬，从人的角度关注小学数学教育，即"人与学科""人与人""人与自然""人与社会"和"人与未来"五个维度的和谐发展，实现数学教学向数学教育转变；第三，实现学生发展和教师发展相统一，通过开展"学科融合视域下小学数学生本教育研究"，促进学生全体发展、全面发展、差异发展、主动发展、持续发展，教师素养得到进一步提升，实现学生发展和教师发展统一。

二、研究内容

（一）核心概念

1. 生本教育：华南师范大学郭思乐教授把生本教育定义为以学生为本，以学生的发展为本，为学生好学而设计的教育。实施的策略是从控制生命走向激扬生命。原则是"一切为了学生，高度尊重学生，全面依靠学生"。生本教育区别于为教师好教而设计的师本教育。

2. 学科融合：在认同学科差异的前提下，不将学科囿于已有的严格学科界限，而强调学科之间的整合而非差异，主动模糊学科边界，实现跨学科之间的相互渗透、相互交叉、相互整合，促进学生主动和谐发展。

3. 学科融合视域下小学数学生本教育：将生本教育与学科融合进行整合而形成的概念。

（二）研究目的

1. 采用主题式、嵌入式、拓展式、实践式等教学策略，构建跨学科融合的生本课堂，实现数学教学向数学教育转变。

2. 找准德育、人文、知识、素养等融合点，丰富学科融合的学习内容和实践形式，关注学生全体、全面、差异、主动、持续发展，培养自主学习能力和习惯，促进学识能力向核心素养跨越。

3. 依托省级课题研究以研促教、以研促训、以研促学，实现教学相长，全面提升教育质量，全面提升教师专业素养，实现学生发展和教师发展相统一。

（三）研究现状

1. 国内外研究现状。

卢梭明确阐述"儿童中心论"，认为儿童的自然本性和兴趣是全部教育的出发点，儿童的最终发展与成长是教育的最终归宿。20世纪50年代，"人本主义"思想已在美国兴起，在20世纪70年代至80年代之间迅速发展起来，由美国心理学家A.H马斯洛创立。反对行为主义将人视同于动物，只研究行为，而忽略人内在的心理认知。人本性中有着很强的创造力，这种自身的创造力一旦被外界激发，会发挥出内在的巨大潜能。美国教育学家杜威在"儿童中心"说中主张，教育应当以学生为中心，激发学生的潜能，唤醒学生的创造力。

由杜威的"儿童中心"说、皮亚杰的"认知建构主义"和马克思主义关于人的全面发展等学说构成了早期以学生为本的教育的基础理论来源。

生本教育是郭思乐教授创立的一种教育理念，目前参与实验的学校有200多所，其研究成果连续三届获全国教育科学优秀成果一、二等奖。《教育走向生本》《谛听教育的春天——郭思乐生本教育思想随笔》等上百部论著在全国引起重大反响。生本教育认为儿童的起点非零，他们是天生的学习者，潜能无限，是教育教学中最重要的学习资源。教师应是生命的牧者，而不是拉动学生的"纤夫"。教师在教学中要尽可能"不见自我"来创造最大的空间，迎接学生积极飞扬的学习。教学就是学生在教师的组织引导下的自主学习。生本课堂区别于考本、本本、师本的，区别于短期行为的、分数的课堂，是人的发展的课堂，倡导"为而不争""根加空"是生本教育的根本和形态。鼓励学生用成长期的生动、活泼、主动、自然、丰富的积累和感悟，取得优异的终端考试成绩。生本教育认为，学生的美好学习生活是学校德育的基础，课堂教学成为最自在的、素朴的、无形的德育过程。

除此之外，截至2021年6月，知网显示和生本教育有关的论文共有2172篇，越来越多的教师也把视角投向生本教育的实践研究。实践生本，第一要以学生为本。以学生为本，或者以学生发展为本，这是党中央提出的"以人为本"在教育界的具体体现。以学生的发展为本包含五个方面的含义：学生的全体发展、全面发展、差异发展、主动发展、持续发展。第二是以生命为本。生本教育是真正把人当作"人"的教育，它承认生命的巨大潜能，承认人生来有向上和向善发展的内驱力，并创造出良好的学习环境让学生充分、自主地发展。第三以生动为本。教育教学应该是生动活泼的。第四以生长为本。教育目的是促进人的生长，每个学生都有自己的生长规律和生长周期，要给予他们充分的发展时间和空间，教师要做的就是帮助学生立一个"根"，然后让其尽情生长。

2. 相关研究成果。

经知网搜索，2021年未能找到"学科融合视域下小学数学生本教育研究"的相关论文。但和生本教育有关的论文共有6109篇，与学科融合有关的论文共有6816篇，与课题申报时相比，有大幅度增加。

（1）中国教育学会教育学分会吕达撰写的论文《解读生本教育的内涵》，发表于《人民教育》（2009年8月）。该文指出生本教育是对学习者十分有利的教育，它有可能解决多年来未能解决的素质教育落实于课堂的问题。我对生本教育所产生的奇迹感到兴奋，对它的未来充满信心。我认为，"生本"虽然只有短短两个字，但它的内涵是相当丰富而深刻的。

（2）华南师范大学教科所高广方撰写的《生本教育的理论意义和实践价值——〈教育走向生本〉北京研讨会述评》，发表于《课程·教材·教法》

（2003年4月），指出推进教育改革、发展素质教育是时代的要求，是历史的使命。郭思乐教授积数十年理论研究，提出"生本教育"理念，建立了一套独特的理念体系，从价值观、伦理观、行为观、方法论等方面比较了传统"师本"教育与"生本"教育的异同。通过在中小学进行大量扎实的实验，使理论得到进一步发展和验证，较好地做到了理论与实践的结合，充分体现了教育科研对教学实践的指导作用，教育科研只有和实践结合才具有生命力。

（3）湖南师范大学李玲娓撰写的硕士研究生论文《生本教育理念下小学语文阅读教学研究》（2014年3月），通过观摩生本小学语文阅读教学课堂以及相关案例的搜集，再现生本教育理念下小学语文阅读教学从目标到过程的具体操作，发现生本阅读教学有利于彰显儿童生命力；有利于拓展儿童阅读空间，润泽精神生活；有利于提高语文素养，铺就儿童的未来生活。反思当前生本小学语文阅读教学的课堂，依然存在许多问题，如工具性与人文性的失衡，生活与阅读文本的联系不够紧密，活动体验与文本感悟之间的矛盾等。

三、研究实施

（一）研究程序

本课题研究有目的、有计划地按照"调查筛选—课题论证—制订方案—实践研究—交流总结—申请结题"的程序进行。首先摸清学校教科研的家底，邀请专家指导，确立申报课题；其次明确本课题组成员的目标任务、工作分工、实施步骤；最后对照工作计划逐步推进、结题推广。

（二）研究设计

本课题的重点是探索"学科融合视域下小学数学生本教育"的教学策略，深入探究学科融合与生本教育，努力践行理论与实践相结合，充分展现教育科研对教学实践的指导作用，赋予教育科研生命活力，从"人的发展"而不是单纯从"学科建构"的角度构建起新的教学方式。基于本课题的研讨，依托"青蓝工程""名师工程"和"卓越工程"三大工程，努力打造一支师德高尚、业务精湛、学识渊博的教师队伍。

实施路线图：

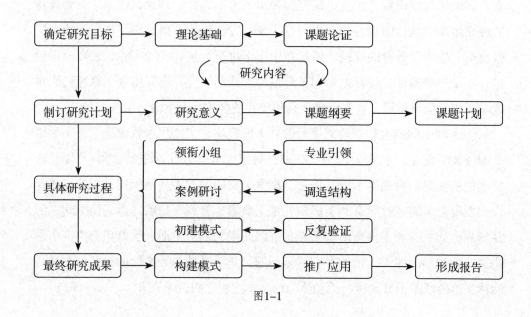

图1-1

四、研究结论

课题组依托校本教研、教育科研基地校和教育联盟三大平台，围绕学科融合、学生发展和教师成长三大目标，按照课题实施方案整体、有序推进课题研究进程，得出以下结论。

（一）学科融合，学生发展新天地

《义务教育数学课程标准（2022年版）》指出，关于综合与实践领域的课程内容，要求重在解决实际问题，以跨学科主题学习为主，主要采用主题学习和项目式学习方式，设计情境真实、较为复杂的问题，引导学生综合运用数学学科和跨学科的知识与方法解决问题。新课标强化了课程育人导向，强调了核心素养立意，突出了跨学科融合，推动数学教学向数学教育转变，开辟学生发展的新天地。基于此，我们对小学数学实现学科融合提出四点策略，赋能学生形成学科融合学习：一开展主题式融合，整合数学学习；二开展嵌入式融合，赋能数学学习；三开展拓展式融合，延伸数学学习；四开展实践式融合，迁移数学学习。这四种融合学习策略应用实践效果良好，得到市教研室、教科室专家的认可，于2022年以《构建学科融合　助力数学学习》为题在《新教师》第7期发表。

（二）素养导向，自主学习新坐标

教育的根本任务是"立德树人"，要培养德、智、体、美、劳全面发展的社会主义建设者和接班人。小学数学课程目标应当立足学生核心素养发展，集中体现课程的育人价值。数学课程要培养的学生核心素养，主要包括以下三个方面：会用数学的眼光观察现实世界，会用数学的思维思考现实世界，会用数学的语言表达现实世界。课题组以学生发展为本，以核心素养为导向，确立起自主学习新坐标。在课程内容选择方面找准德育、人文、知识、素养等融合点，结合自编的数学校本《导学案》（三到六年级，一套8本，由"预习先行站"和"随堂快乐坊"两部分组成），进一步实现跨学科融合，培养学生自主学习能力和习惯。《导学案》获龙岩市教育局"双减"的典型案例并进行推广。

（三）课题研究，教师成长新亮点

按照课题研究工作进度和任务，采用总课题"一拖五"驱动模式，"学科融合视域下小学数学生本教育研究"省级课题下设五个分课题，分别为"学科融合视域下小学数学课堂教学策略的研究""生本教育视域下小学语文课堂教学模式的研究""'双减'背景下小学英语生本课堂教学的探究与实践""基于学科融合的小学语文教学策略研究"和"在小学音乐课堂中融合体育元素的教学策略研究"，总课题统领分课题，分课题支撑总课题，涵盖了数学、语文、音乐、体育、信息技术、科学等学科，拓展、深化了课题研究，共同推进省课题研究工作，全力打造教师成长新亮点，实现学生发展和教师发展相统一。

自主、优质、高效：小学数学
"一案三导"教学模式建构与应用

本研究从1998年开始，针对县域小学数学教学问题，在余文森等专家指导下，探索小学数学自主课堂的构建，逐步走向优质、高效课堂。历时24年探索形成"一案三导"教学模式，开发了系列校本数学《导学案》，形成融合信息化的精准教学策略，以及"一体三面"教研模式，并将"一案三导"推广应用到语文、英语等学科。

本研究成果应用效果显著，学校2018年获龙岩市教育工作成绩突出单位，2019年获龙岩市教学质量提升工作嘉奖，学生卢天南2018年科技创新作品获第33届全国青少年科技创新大赛一等奖。

一、问题的提出

教学活动是师生积极参与、交往互动、共同发展的过程。教师教学应该以学生的认知发展水平和已有的经验为基础，发挥主导作用，处理好讲授与学生自主学习的关系，引导学生独立思考、主动探索、合作交流，使学生理解和掌握基本的数学知识与技能、数学思想和方法，获得基本的数学活动经验。这就要求教学要关注学生，培养自主学习能力，促进良好学习习惯的养成。教学要关注数学知识的本源，厘清数学知识"是什么""为什么""怎么样"，以及"从哪里来""到哪里去"，既关注学生数学知识的"根"，又关注学生学习的自主性。长期以来，小学长期局限于传统应试教学思路：数学课堂有考有教，无考少教或不教，只重结果轻过程，重知识技能掌握轻情感体验，学生数学学习的兴趣不高，呈现出一种"剪刀差"现象。问题主要集中在以下三方面：

1. 习惯先教后学，学生自主学习少。教学仍以讲授为主，课堂以"满堂灌""要我学"为主。

2. 书面练习作业多，实践应用少的问题，即：重反复练习，轻思维培养。

3. 教学目标以应试分数为主，教学方法单一、枯燥，缺乏师生、生生之间的精神交流。

二、解决问题的思路、过程与方法

（一）解决问题的思路

布鲁姆的掌握学习理论指出：现代教育不能只面对少数学生，而应该面对全体学生，让绝大多数学生都能学好。掌握学习以"人人都能学习"为基础的观点，以存在着个别差异的学生组成班级为前提，以传统的班级教学方式来实施，使所有的学生都能学会学校应教的东西。维果茨基将最近发展区定义为实际的发展水平与潜在的发展水平之间的差距。前者由儿童独立解决问题的能力而定，后者则是指在成人的指导下或是与能力较强的同伴合作时，儿童能够解决问题的能力。

本项目基于维果茨基的最近发展区理论、布鲁姆的学习理论，按照"案例先行—课堂验证—反复研讨—滚动提升"的研究思路，逐步构建构成"一案三导"教学模式，应用于小学数学课堂，不断创生实践模式，从而实现学生的自主学习。小学数学"一案三导"教学理论基础与目标，如图1-2所示。

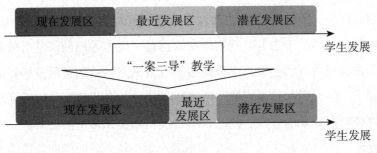

图1-2

（二）解决问题的过程与方法

1. 酝酿期（1998年—2010年）：以"指导—自主学习"探索改变学生学习方式。

1998年起，我校成为教育部福建师范大学基础教育课程研究中心的实验学校，在余文森教授的带领下，参加了全国从"九五"到"十三五""指导—自主学习"系列课题研究，这一阶段主要研究小学生学习方式转变问题，积累了丰富的课改经验，2010年6月"小学生学习方式的研究实践"获省基础教育课程改革教学研究成果三等奖。项目组发现，要转变小学生的学习方式，就必须从改变教学方式着手，否则将穿新鞋走老路。

2. 探索期（2011年9月—2014年8月）：基于实践探索提出"一案三导"教学模式。

2011年，我校承担省级试点项目"新课程背景下'指导—自主学习'的深化研究"（闽政办［2011］83号），担负起以教学方式改革促进学习方式转变的重要任务。项目组创建了"一体三面"教研模式，成立了4个子课题领衔小组，以试点项目为总课题，领衔小组分别申报了"小学'指导—自主学习'理念与策略研究""能力导向的课堂有效教学模式的研究""提高课堂教学有效性策略研究""小学数学问题解决的策略研究"等4个课题。每个领衔小组针对新授课、练习课、复习课选定一个教学案例进行研究，每个月进行一次汇报研讨。负责人在2012年《小学教学研究》第9期发表了论文《立足课堂教学，培养创新精神》。2012年11月，学校承办龙岩市省级教改试点项目实验学校交流研讨、成果展示活动，项目负责人向与会者汇报了"指导—自主学习"教学模式的实验方案、理论依据、基本环节，开设研讨课"百分数的认识"，初步探索《导学提纲》。2014年9月，由教育部福建师范大学基础教育课程研究中心主办的全国教育科学"十二五"规划国家级课题"能力导向的课堂有效教学"开题报告会在我校举行。会上，学校汇报了省级试点项目的进展及最新成果，并分别开设了"打电话""平均数"两节数学课，与会代表又随堂听了20节课，这些课得到与会专家的赞赏。此时，项目组积累了20多个典型案例，负责人在《广西教育》2014年第2期发表论文《培养小学生认真倾听的两种策略》。

项目组总结提炼出"一案三导"教学模式，即以《导学案》为依托，针对性进行导学、导教、导练。小学数学"一案三导"教学模式如图1-3所示。

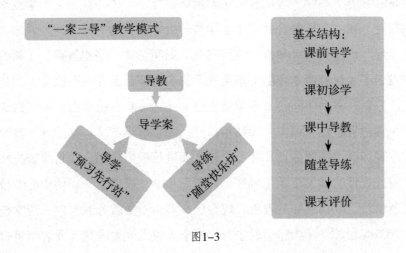

图1-3

2014年3月，典型经验《搭"一体三面"平台，构"一案三导"模式》入选福建省基础教育改革试点2013年度报告，至此，"一案三导"教学模式基本构建。

3. 应用与完善期（2014年9月—2018年8月）："一案三导"教学模式走向规范化、科学化、系统化。

申报"能力导向的课堂有效教学模式研究""有效渗透小学数学基本思想的实践与研究""小学低年级学生自主学习习惯培养的实践研究"三个课题，进行"一案三导"教学模式实践应用策略的研究。针对原有的"导学提纲"不完整，项目组配套教材编写一套8本的《导学案》（适用三至六年级数学），经过三次修订，覆盖了所有课型。期间，在《新教师》等刊物发表了《走出误区，提高合作学习的有效性》等四篇成果论文。2015年11月，《闽西日报》专版专题介绍了我校的课改成果。2017年，我校获评省首批教改示范性建设学校，同年被省教科所确立为教育科研基地校。2018年1月，龙岩市教育科研基地学校研讨活动在我校举行，与会者观摩了"一案三导"教学模式成果汇报，得到龙岩市教科院专家的好评。

4. 深化与推广期（2018年9月—2022年4月）："一案三导"信息化升级和推广应用。

2018年9月，项目组或领衔小组申报了"基于智慧课堂的精准教学模式的研究""核心素养下小学生应用意识培养策略研究""核心素养下小学数学复习方式的研究"和"学科融合视域下小学数学生本教育的研究"四个课题，研究"一案三导"信息化升级和推广应用问题。期间，在《福建教育》《新教师》等刊物发表了《智慧课堂环境下精准教学的实施策略》等六篇论文。2018年10月，《"三新"驱动协同，共享带动发展》入选《教育改革探索与实践成果论文集》（福建省教育厅编）。2018年11月，漳平市小学"一案三导"教育科研成果推广现场会，按照由点及片、由片及面进行推广应用。项目组首先在市内选择了有代表性的城关小学（城区）、新民小学（城郊）、新桥中心学校（农村）三所学校，取得良好的效果，现在已在实验小学教育联盟内八所学校推广应用。2021年12月，《构建学科融合实现全方位发展》入选《龙岩市首批省级教改示范性建设学校经验材料汇编》。

三、成果主要内容

（一）"一案三导"教学模式

项目组着眼学生的终身学习和发展，探索出能"授人以渔"的"一案三导"教学模式，开发出自主学习的助力器《导学案》。

1. "一案三导"基本内涵。

"一案"指的是教师按教学目标、进度和学情编制的《导学案》。《导学案》分为"预习先行站"和"随堂快乐坊"两部分。"预习先行站"包括课题、导学提纲、自学诊断、知识链接、我的困惑和心情指数六项内容。"随堂快乐坊"包括初显身手（基础性练习）、技高一筹（发展性练习）、勇攀高峰（拓展性练习）、温馨提示和信心指数五个部分。"三导"是指教师根据不同学情，重新调整修订教学目标、教学重难点、教学内容和随堂检测内容等，在课堂上开展针对性的"导学、导教、导练"。

2. "一案三导"课堂结构。

（1）基本特征：以"自主学习、独立思考和勇于创新"为特征。

（2）基本原则：先学后教、以学定教、以案导学和因学导教。

（3）基本结构：课前导学—课初诊学—课中导教—随堂导练—课末评价五

环节。

课前导学：学生在导学案的指导下自学教材；课初诊学：经过"预习先行站"对学生进行学习水平测试（前测），教师在此基础上对教学目标重新定位（修正目标）；课中导教：教师不断创造新的最近发展区，灵活有效地进行教学和指导，学生在课堂上认真听讲、积极思考、动手实践、自主探索、合作交流；随堂导练：对学生新课掌握的水平进行检测（后测），并根据反馈的情况进行评价和矫正，保证教学目标的实现；课末评价，通过回顾反思学习得失，对自己的学习信心进行评价，关注学生的情感、态度和价值观，帮助学生建立学习信心。这种模式要求教师特别关注学生的学习水平，特别关注学生学习活动的过程和状态。强调教师对学情的了解和掌握，注重对学情进行因势利导，注重培养小学生的独立性、自主性、合作性和创造性等品质，注重培养学生良好的学习习惯，关注学生学习的可持续性和发展方向，成为新课程背景下"指导—自主学习"教学新模式。

3."一案三导"适用范围。

追求的课堂教学景观和效果，考虑学生的年龄特点和自学水平，该教学模式适用于小学中、高年级学生，中年级"扶"的程度大些，高年级"放"的程度多一些，这也是教学模式中多了个"导"的缘故。

4.配套校本教材。

基于小学数学国家课标和教材，开发了与"一案三导"教学模式相适应的校本《导学案》，分"预习先行站"和"随堂快乐坊"两部分。"预习先行站"含导学提纲、自学诊断、知识链接、我的困惑和心情指数五大板块。设计思路是基于元认知能力，目的是搭建认知"梯子"（"脚手架"），帮助学生了解自学水平，诊断自学成效，反思自学得失，发现存在问题。"随堂快乐坊"设计的总体思路：配套质量监测，落实核心素养，培养自主学习能力和习惯，提升四十分钟的教学效果和整体教学质量。

（二）融合信息化的精准教学策略

在信息技术时代来临之际，"三通两平台"进入学校，项目组与时俱进地将"一案三导"和智慧课堂无缝对接，精准确定教学起点，探索四大教学策略，分别为课前预习+微课链接——实现精准预习；实时监控+现场互动——实现精准施教；当堂检测+即时反馈——实现精准辅导；即时反馈+处理——实现精准评价。准确把握最近发展区，确保信息化下精准教学，实现教学模式的现代化跃升。

（三）"一体三面"教研模式

学校创建了"一体三面"教研模式（如图1-4），全面推动省级试点项目。"一体三面"指的是以省级教改试点项目"新课程背景下'指导—自主学习'的深化研究"为统领，做好以子课题领衔小组为单位，以月教研活动为平台，以案例研讨为载体，打造优质、高效的新型课堂，培养学生自主学习能力，促进教师专业成长的教研管理机制。

以省级试点项目为统领，组织专家组成员和核心成员围绕项目总课题对课堂教学实验的基本条件、基本程序、基本特征、基本策略等有关问题进行细目化，成立子课题研究小组（每个子课题领衔小组含1名领衔核心成员、5~8名实验教师，同时部分子课题又以相对独立的身份在市、县立项）。2019年《福建教育》第9期以《整合优化，提升校本教研实效》为题对我校"一体三面"教研方式进行专题介绍。"一体三面"教研模式满足教师的成长愿望，变"要我教研"为"我要教研"。

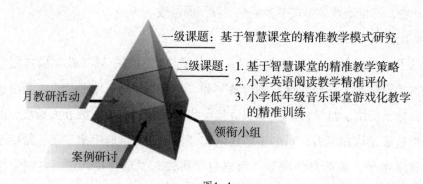

图1-4

四、成果应用效果与反思

（一）学校应用效果

1.实现了"减负、提质、增效"，促进学校优质发展。

（1）质量提升：《导学案》让教学起点可测化，有力撬动学习方式转变，有效落实"双减"政策,初步达到了"减负、提质、增效"的效果。学校多次获表彰,2017年以来连续四年获评漳平市小学办学质量奖一等奖,2019年龙岩市政府表彰的"教育工作成绩突出单位",2020年龙岩市教育局和人社局联合表彰的"教育教学质量提升工作嘉奖"。

(2)科研进步:学校先后获评教育部福建师范大学基础教育课程研究中心"先进实验学校"、福建省教育科研基地校、福建省首批教改示范性建设学校。

2.学校教师在研究中提升精准教学能力和理论水平。

(1)项目组教师开设龙岩市级以上研讨课、示范课或专题讲座共32节。2018年9月,苏小龙老师执教的"集合(三年级)"参加闽台交流;2015年1月,苏蕉桂老师执教的"圆的面积"获福建省首届微课二等奖,2017年12月,执教的"测量——解决问题"获教育部"2016—2017一师一优课"优课;2018年9月,俞金烈老师执教的微课"植树问题"获福建省优秀应用成果奖。

(2)项目组发表成果论文30多篇,代表作有《整合优化,提升校本教研实效》(《福建教育》第9期)、《智慧课堂环境下精准教学的实施策略》(《新教师》第8期)、《关注结构化,让数学思维"动"起来》(《福建教育》第8期)。

(3)学校教师整体提升:30余位数学教师中,1位被评为省"十三五"名校长后备人选,1位被评为省数学学科教学带头人,5位教师被评为高级教师,9位教师获评龙岩市名师。

3.学生自主学习品质提升,获得优质发展。

2012年以来,我校学生参加各级青少年科技创新大赛,共获奖24项,其中国家级1项,省级8项。2018年,卢天南同学发明的"野外巧取中华蜜蜂巢蜜便携式诱蜂箱"在第33届全国青少年科技创新大赛中荣获一等奖、全国十佳创意设计展板奖。2019年1月,卢天南同学获评"2018年度福建十佳好少年奖"。据统计,近25年我校有22位毕业学生被北大、清华录取全日制本科。

(二)辐射影响效果好

"一案三导"教学模式已获县域推广,在省内也有一定影响力。

1.理论探索有成效。

2014年3月,典型经验《搭"一体三面"平台,构"一案三导"模式》入选《福建省基础教育改革试点2013年度报告》；2018年10月，《"三新"驱动协同，共享带动发展》入选《福建省义务教育教改示范建设成果论文汇编》。2019年3月，《福建教育》刊载我校以"一体三面"教研为例的论文《整合优化，提升校本教研实效》，向全省推介。

2.实践应用有成就。

2012年11月，我校承办龙岩市级省级试点项目实验学校现场会暨成果展示会；2014年3月，承办全国教育科学"十二五"规划国家级课题"能力导向的课堂有效教学"开题报告会；2018年1月，承办龙岩市教育科研基地学校研讨活动；2018年11月，承办漳平市"一案三导"教育科研成果推广现场会。

3.《导学案》受欢迎。

2012年起，《导学案》陆续投入使用；2018年11月漳平市举行"一案三导"课改成果推广现场会，向全市推广；2020年起，在城关小学、新民小学和新桥中心学校等学校推广应用；2021年12月，龙岩市小学教育教学质量提升研训活动中，我校《导学案》作为"双减"工作典型案例（小学）在会上进行交流推广。

（三）今后努力方向

"一案三导"本质上是将传统课堂"先教后学"翻转为"先学后教"，着力培养学生的自主学习能力和习惯。今后我们将按照《义务教育数学课程标准（2022年版）》的要求，以学科融合为抓手、学生发展为目标，以省"十四五"规划课题"学科融合视域下小学数学生本教育研究"的研究为抓手，促进"数学教学"向"数学教育"转变。

"信息化背景下小学数学教学策略成效研究"的实践与思考

一、研究背景和意义

随着课程改革的深入开展和教育信息化进程的加快，课堂教学出现了不少新情况，如课堂上开展小组合作学习时，出现的效率低下问题；开展"先学后教"教学模式时，出现的两极分化问题；学校实现了"校校通""班班通"后，教学方式和教学策略与信息化不适应新问题；教学上个别教师"穿新鞋，走老路"的问题等。教学无效和低效等现象依然存在，促进学生全面发展的目标得不到落实，学生的创新意识和实践能力受到制约，这些现实问题需要我们冷静下来思考。近年来，我们强调了学生的主体地位，研究了学生学习方式的转变，加大信息技术支持力度，避谈或少谈教师该怎样"教"，导致教学策略与时俱进的研究相对滞后，原有的教学策略有的发挥不了作用，新的教学策略缺少提炼总结，课堂教学的有效性缺失等成为当前亟待解决的问题。

鉴于此，我们选择了"信息化背景下小学数学教学策略成效研究"这一课题，希望通过课题研究的方式引领教师教学方式的变革，促进学生学习方式的变革，从而不断促进学生的全面发展，推进课程改革进一步发展。因此，如何制订或选择适合、省时、高效的教学策略成为当前的一个重要课题。什么是教学策略？邵瑞珍教授认为，教学策略是教师在教学过程中，为达到一定教学目标而采取的一系列相对系统的行为。通俗地讲，就是实施教学过程中将教学思想、方法模式、技术手段三方面动因的最优化框架式集成整体，是运用教学思维对这三方面动因进行思维策略加工而形成的一种方法。什么是教学策略成效研究？余文森教授在《课堂有效教学的理论与实践》一书中指出，有效教学提倡的是效果、效益、效率三者并重的教学观，是指教师遵循教学活动的规律，以尽可能少的时间、精力和物力的投入，取得尽可能多的教学效果，从而实现特定的教学目标，满足社会和个人的教育价值需求而组织实施的活动。因此，教学策略成效研究的一个重要目的就是减轻学生的课业负担，提高教学效率，提高教学质量，实现教学的最优化，以最少的时间取得最佳的教学效果。

二、研究目标与内容

本课题研究目标与内容主要包含以下四个方面：

1. 探索"信息化背景下小学数学教学策略成效研究"。

2. 探索小组合作学习中优化人际关系的策略的研究。

3. 探索"先学后教"模式下教学过程优化的策略的研究。

4. 初步探索促进教学有效性的评价机制。

三、理论依据与预期效果

（一）理论依据

我们查阅了大量的教育理论专著、期刊、报纸及网络资料，从中我们发现，当前国内外的研究主要有：

1. 布鲁姆的掌握学习理论认为，有效的教学应该是绝大多数学生取得成功的教学。它认为有效的教学既要强调班级群体教学的重要意义，又要根据教学需要进行经常性的个别化教学，要注重反馈和矫正在课堂教学中的重要作用。

2. 卡罗尔的学校学习模型。在这一个模型中，有能力倾向、理解教学的能力、毅力、机会和教学质量五个因素影响教学的效果。斯莱文的有效教学的QAIT模型（Q—教学质量，A—教学适当水平，I—诱因，T—时间）影响教学效果。

3. 陈琦、刘儒德主编的《教育心理学》（高等教育出版社，2005）在第五部分第十三章专门论述了有效教学的两种模型及其特征。

4. 余文森编著《课堂有效教学的理论与实践》（北京师范大学出版社，2011）指出，判断教学有效性的标准是学生的有效学习。

（二）成果

以上四点是本课题开展研究的理论依据，我们试图通过教学策略成效的研究，在以下四个方面有新的突破：

1. 探索在信息化背景下如何优化小学数学的教学过程。

当前教育信息化是教育的最大变化和最大的教育现实。在漳平，"校校通""班班通"已全面配齐使用，"人人通"也准备试点，特别是"班班通"几乎每节课都在使用，探索教育信息化条件下教学策略成效研究成为当务之急。因此，信息化条件下如何处理人机的交互关系、"班班通"系统与传统教具的关系，如何根据"班班通"进行教学设计和实施等，都归结为信息化条件下如何优化教学过程，提高教学效果。

2. 探索在学习方式多样化的情况下如何优化人际关系。

学生的学习应当是一个生动活泼的、主动的和富有个性的过程。认真听讲、积极思考、动手实践、自主探索、合作交流等，都是学习数学的重要方式。学生学习方式的多样化，必然形成学生在课堂上的交往和信息交流相对频繁和多向，由此衍生的合作、互动、竞争成为课堂的新常态，如果老师没有关注、思考和及时解决师生之间、生生之间的人际交往出现的一些小问题，必然会影响课堂教学的进程和教学效果。因此，探索在学习方式多样化的情况下如何优化人际关系，营造和谐的教学氛围，有助于提高教学效果。

3. 探索在"先学后教"模式下如何缩小学习差异。

我校多年来参加"指导—自主学习"系列开放性课题研究，以"先学后教"为特征的教学模式，在帮助学生养成良好的学习习惯，培养学生的自学能力，对学生的继续学习有很好的促进作用。但这种基于学生能力和自觉性的教学模式，也极易产生一些所谓的"差生"。为此，探索在"先学后教"的模式下如何缩小学习差异，提高"差生"的学习成绩，不让一个学生掉队，才是真正意义上提升课堂教学效果。

4. 初步探索一套信息化背景下行之有效的小学数学教学策略体系和检验教学策略成效的评价机制。

传统教学策略中有许多精华的教学策略，在今天的课堂上依然发挥着重要的作用。而在信息化条件下、在学习方式多样化的前提下，也必然会形成新的教学策略，这些教学策略的成效如何？以课堂教学效果是否提升为检验标准，以促进学生的有效学习为准绳。因此，我们希望初步探索检验教学策略成效的评价机制，以提升教学策略成效的科学性。

最终，我们预期提炼总结出一整套操作性强、实用性好、能促进学生学习的教学策略体系，更好地服务新时期的课堂教学，促进现代教育教学理论的发展，造就一支较高水平的科研团队，推动学校办学水平迈上新的台阶。

"小学生数学应用意识培养的
研究"的实践与思考

《义务教育数学课程标准（2011年版）》在课程目标（知识技能，数学思考，问题解决，情感态度）之问题解决目标中指出：要使学生"初步学会从数学的角度发现问题和提出问题，综合运用数学知识解决简单的实际问题，增强应用意识，提高实践能力"。增强应用意识作为数学课程的重要目标应该引起一线教师的重视，这是本次课题之所以立项的重要原因。还有一个原因就是，本课题和"能力导向的课堂有效教学"省级课题（"指导—自主学习"系列课题）是一脉相承的。当时我们提出基于余文森教授提出的"阅读、思考、表达"三大能力，派生出我校数学学科分课题"勤动手，爱思考，善应用"的研究思路，其中"爱思考"对应的课题"有效渗透小学数学基本思想的实践与研究"已在龙岩市立项在研，"小学生数学应用意识培养的研究"对应的是后三个字"善应用"。因此，此次立项课题是承前启后、一脉相承、不断深入的。

一、研究背景和意义

1.各门学科都有向着"数学化"发展的趋势。

数学在社会生产和日常生活的各个方面应用非常广泛。华罗庚曾说过，"宇宙之大，粒子之微，火箭之速，化工之巧，地球之变，生物之谜，日用之繁，无处不用数学。"数学不仅是自然科学和技术科学的基础，在人文科学和社会科学中发挥的作用也越来越大。生产生活的方方面面也越来越离不开数学：股指、概率等成为社会生活中很常见的名词；增长率、大盘走势图等不断出现在电视、网络等大众信息传播媒介中；基金、保险等更是成为人们在生活中不可回避的话题。正如俄罗斯数学家罗巴切夫斯基说的："不管数学的任一分支是多么抽象，总有一天会应用在这实际世界上"，数学的应用突破了传统的范围，向人类几乎所有的知识领域渗透。随着现代信息技术的飞速发展，数学与计算机技术相结合，各门科学都向着"数学化"发展，这已成为当今科技发展的一个趋势。这也是小学数学教育培养学生应用意识的重要背景。

2. 应用意识是小学中最应培养的数学素养之一。

《义务教育数学课程标准（2011年版）》提出了10个核心概念：数感、符号意识、空间观念、几何直观、数据分析观念、运算能力、推理能力、模型思想、应用意识和创新意识。这里所涉及的关于数学的感悟、观念、意识、思想、能力等，是学生在义务教育阶段数学课程中最应培养的数学素养，是促进学生发展的重要方面。其中，应用意识的培养，要求使学生初步学会从数学的角度发现问题和提出问题，综合应用数学知识解决简单的实际问题，增强应用意识，提高实践能力。将培养小学生的应用意识作为问题解决的目标提出来，目的就是希望引起大家的重视，并应通过有效的措施在课堂教学中予以落实。当然，培养学生的应用意识，不是简单地增加几个应用题，也不只是追求实际问题解决的工具价值，它应该体现着数学更加本质的东西。数学应用意识的培养，追求的目标不仅是知识的获得和问题的解决，而是希望学生通过这一过程学会用数学的眼光观察、了解数学的价值，学会使用数学的思维思考，掌握数学的思想方法，感悟数学的精神并形成正确的数学态度。从根本上看，追求的是学生数学素养的提升和创新精神、实践能力的培养和发展。因此，小学生应用意识是小学中最应培养的数学素养之一。

3. 数学应用意识的失落是一种普遍存在的现象。

在数学教学中，数学应用意识的失落是一种普遍存在的现象。为了应试的需要，在数学教学中更多注重的是技能、技巧的训练，数学课堂上只讲抽象的数学公式和结论，不讲数学知识的实际来源和应用方法，以至于培养出的学生"高分低能"。一方面，数学应用越来越广泛，另一方面，是学生应用意识的失落。尽管目前已在关注加强数学应用，但与课程目标的要求还存在一定的差距。因此，学生应用意识的培养不仅是数学课程的目标，也应该成为数学课堂教学的目标，并通过教师的教学予以落实，从而改变小学数学应用意识失落的现象。

基于以上认识，我们提出了"小学生数学应用意识培养的研究"这一课题。

二、研究目标与内容

数学应用意识是一种用数学的眼光、从数学的角度观察、分析周围生活中的问题，配合积极的心理倾向和思维反应。应用意识有两个方面的含义：一方面，有意识利用数学的概念、原理和方法解释现实世界中的现象，解决现实世界中的问题；另一方面，认识到现实生活中蕴含着大量与数量和图形有关的问题，这些问题都可以抽象成数学问题，并用数学的方法予以解决。数学应用意识的培养应贯穿整个数学教育的全过程。在课程目标定位、课程内容设置、教学设计、课堂教学、课后作业、学习评价等数学教育诸环节都应关注应用意识的培养。本课题研究目标与内容主要包含以下四个方面的策略。

1.应用意识目标导学策略。

义务教育阶段数学课程的总目标在"问题解决"和"情感态度"两方面分别指出："初步学会从数学的角度发现问题和提出问题，综合运用数学知识解决简单的实际问题，增强应用意识，提高实践能力""体会数学的特点，了解数学的价值"。针对这些总的要求，我们课题组对小学教育两个学段关于应用意识的培养进行了梳理：

1~3年级问题解决目标：能在教师的指导下，从日常生活中发现和提出简单的数学问题，并尝试解决。情感态度目标：了解数学可以描述生活中的一些现象，感受数学与生活有密切联系。

4~6年级问题解决目标：尝试从日常生活中发现并提出简单的数学问题，并运用一些知识加以解决。情感态度目标：在运用数学知识和方法解决问题的过程中，认识数学的价值。

从上面的梳理可以看出，应用意识的目标要求主要侧重"问题解决"和"情感态度"两个方面，从低年级到高年级体现了从较低水平到初步水平的逐步培养的过程。这为课题组在课堂教学预案中如何将应用意识的培养纳入教学目标，并根据教学内容和教学实际制订出可操作的、具体的教学目标提供了科学的依据。

2. "生活情境数学化"教学策略。

在进行教学时如何帮助小学生形成"现实生活主动进行数学抽象的意识"？我们选择了"生活情境数学化"教学策略，让学生知道数学知识"从哪里来"。首先，提供数学知识产生的背景材料。在数学教学中，尽可能结合数学课程的内容，介绍一些与数学知识发生、发展紧密关联的数学史资料及实际问题资料，如"你知道吗？"等。其次，呈现数学知识的形成过程。现实生活中蕴含着大量的数学信息，可结合现实生活或具体情境，为学生呈现数学知识的形成过程，如"分数的产生"等。为了让学生了解知识的来龙去脉，经历知识的产生和形成过程，教学中要特别关注"知识背景—知识形成—揭示联系"的过程和"问题解决—建立模型—求解验证"的过程，这样的过程更有利于提高发现和提出问题的能力、分析和解决问题的能力，对学生应用意识的培养大有裨益。在学生学习方式多样化和教育信息化背景下，更要联系学生的生活实际和社会生活现实，合理地解读教材、拓展教材，积累素材，研制、开发、生成课程资源，创设学生熟悉的教学情境，培养学生的应用意识和实践能力。

3. "数学知识生活化"应用策略。

在进行教学时，如何帮助小学生形成"主动应用数学知识的意识"？我们选择了"数学知识生活化"的应用策略，意在让学生知道数学知识"到哪里去"，反映数学知识的应用过程，了解数学的价值。学生能够有意识地、积极主动地应用数学知识去分析、解决现实世界中的现象和问题，这对学生实践能力和创新精神的培养具有重要意义。"数学知识生活化"应用策略主要有两层意思：一是有意识地利用数学的概念、原理和方法解释现实世界中的诸多现象。学生在日常生活中会遇到许多客观存在的现象，当学生遇到这样一些现象时，应该具有一定的数学敏感性，要善于从数学的角度、运用数学知识解释这些现象，获得对现象本质的理解，如学了"圆的认识"之后，可提问学生"井盖为什么要做成圆形的？"；二是有意识地运用数学知识解决现实生活中的问题。学生学习某一数学知识后，应主动思考这一数学知识可以解决现实生活中什么样的问题，这样就可以把理论与实际相联系，如学"比例的应用"之后，可让学生先通过实际测量，再利用正比例的知识计算出旗杆的实际高度。通过

"数学知识生活化"应用策略的实施，帮助学生初步建立起用数学的眼光观察生活，用数学的方式进行思考，用数学的知识解释现象，用数学的方法解决问题，培养学生的应用意识和能力。

4.考查应用意识的评价策略。

《义务教育数学课程标准（2011年版）》对学生的学习过程的评价十分重视，强调注重学生学习过程的评价。学习评价的目的是要全面了解学生数学学习的过程和结果，激励学生学习和改进教师的教学。为了更准确地了解学生应用意识培养目标的达成情况，更好地指导教学实验，课题组同步进行对小学生数学应用意识培养考察评价方法的初步探索。有计划地在课时练习、单元练习和学期检测中，按一定比例设计一些具有现实背景的问题和一些实际操作的内容，从数学知识"从哪里来""到哪里去"两方面，对学生进行应用意识的考查，既关注学生应用意识的广阔性，又关注应用意识的主动性，并对考查结果进行分析，对教学工作进行诊断，确保课题实验沿着正确的、科学的轨道前进。同时，充分利用综合实践活动这一载体，给学生布置另一种考查方式——"长作业"，让学生经历收集数据、查阅资料、独立思考、合作交流、实践检验、推理论证等多种形式的活动，将课堂内的数学活动延伸到课堂外。通过活动的形式帮助学生积累活动经验、展现思考历程、交流收获体会、激发创造潜能。这样，在多种活动形式、多种过程体验及多种评价方式的交融浸润中，更有利于激发、促进、培养学生的应用意识。

三、教学实践的预期和建议

我们查阅了《义务教育数学课程标准（2011年版）》以及大量的教育理论专著、期刊、报纸及网络资料，从中我们预期在已有研究或关联研究成果的基础上，针对小学生数学应用意识的培养既定的研究目标和内容，力求实现以下四个方面的预期和建议：

1.目标导学。

苏联数学教育家斯托利亚尔认为，一个完整的数学活动可分为经验材料的数学组织化、数学材料的逻辑化、数学理论的应用三个阶段。传统数学教学往往只注重中间阶段，而忽视了其他阶段。要培养学生的应用意识，不能只"烧中段"，还要"顾两头"，既要注重知识的来龙去脉，也要让学生知道数学知识"从哪里来"，又会"到哪里去"。因此，我们希望结合教学内容专门制订关于应用意识的培养的具体要求，以指导教师的教学和学生的学习。

2. 情境教学。

建构主义认为，个体的知识是由人建构起来的，对事物的理解不是简单由事物本身决定的，人以原有的知识经验为基础来建构自己对现实世界的解释和理解。不同的人由于原有经验的不同，对同一种事物会有不同的理解。学习是积极主动的意义建构和与社会互动的过程。传统的教学观念对学习基本持"去情境"的观点，认为概括化的知识是学习的核心内容，这些知识可以从具体情境中抽象出来，让学生脱离具体物理情境和社会实践情境进行学习，而所习得的概括化知识可以自然迁移到各种具体的情境中。但是，情境总是具体的、千变万化的，抽象概念和规则的学习无法灵活适应现实世界中的真实问题，难以有效地参与社会实践活动。因而，建构主义者提出了情境性认知的观点，强调学习、知识和智慧的情境性，认为知识是不可能脱离活动情境而抽象存在的，学习应该与情境化的社会实践活动结合起来。因此，我们要求教学时根据知识技能的特点尽量地寻找其生活的"原型"，并根据这些"原型"创设合理的教学情境，让学生在具体的、变化的情境中主动地建构自己的活的知识体系。

3. 以用促学。

陶行知先生曾说，"我们要活的书，不要死的书；要真的书，不要假的书；要动的书，不要静的书；要用的书，不要读的书；总体来说，我们要以生活为中心的教学做指导，不要以文字为中心的教学书。"这就要求我们在教学中做到"学以致用"，因此，我们提出"以用促学"，即在课堂练习、单元练习和学期练习中根据教学目标和教学内容的要求，安排一定量的具有实际背景或实际操作要求的练习，对学生应用意识的广阔性和主动性进行引导和强化，以用促学，提升对小学生应用意识的培养成效。

4. 评价诊学。

为了更好地解决数学教学中"生活情境数学化"和"数学知识生活化"两个方面的问题，更加科学、准确、细致地对小学生应用意识的培养进行评价，以诊断学生应用意识的形成情况，更好地调节和改进我们的教学和课题研究，我们根据对小学生应用意识的理解进行分解并编列细目，如针对具体的问题情境，能够给出多少合理的数学解答？能发现多少包含数学知识的各种不同问题？面对实际问题时，能否主动尝试从数学的角度运用所学知识和方法寻求解决问题的策略？面对新的数学知识时，能否主动地寻找实际背景，并探索其应用价值等。通过诊断评价促进课题组对实验过程中出现的问题进行科学分析，及时解决问题。通过诊断评价促进课题组对实验过程中的成功做法或好的经验进行及时的反思和总结，再加以提升。

核心素养导向下小学数学主题活动
教学实践研究的实践与思考

一、课题的缘起和背景

主题活动教学可以追溯到建构主义学习理论。建构主义学习理论认为，学习者在一定的情境即社会文化背景下，借助学习是获取知识的过程，其他人（包括教师和学习伙伴）的帮助，利用必要的学习资料，通过意义建构的方式而获得。由于学习是在一定的情境即社会文化背景下，借助其他人的帮助即通过人际间的协作活动而实现的意义建构过程，因此建构主义学习理论认为"情境""协作""会话"和"意义建构"是学习环境中的四大要素。学习者可以基于已有的经验和知识，根据自身兴趣和需要，主动建构知识，通过亲身实践来解决实际问题。随着科技融合和进步，跨学科人才进入了人们的视野。21世纪初，数学课程改革将综合与实践领域内容纳入数学教学，明确提出要综合数学和其他学科知识解决问题，培养学生的综合实践能力。《义务教育数学课程标准（2022年版）》针对信息技术革命带来新的挑战，国内外形势变化和竞争形成的新的人才观，进一步提出义务教育数学课程以习近平新时代中国特色社会主义思想为指导，落实立德树人根本任务。要以学生发展为本，以核心素养为导向，通过数学学习，形成和发展面向未来社会和个人发展所需要的核心素养。综合与实践以培养学生综合运用所学知识和方法解决实际问题能力为目标，根据不同学段的特点，以跨学科主题学习为主，设计情境真实、较为复杂的问题，引导学生综合运用数学学科和跨学科的知识与方法解决问题。因此，在开展主题活动教学实践的研究具有重要的现实意义。

二、国外同一研究领域现状

美国著名教育家杜威从实用主义经验论和机能心理学出发，批判了传统的学校教育，认为教育本质是"教育即生活"和"学校即社会"，并提出"从做中学"这个教学基本原则。加德纳于1983年提出多元智能理论，为主题活动教学提供了理论基础认为，人的智能是多元的，每个人身上至少存在七项智能，即语言智能、数理逻辑智能、音乐智能、空间智能、身体运动智能、人际交往智能、自我认识智能。1996年增加了第八种智能——认识自然的智能。2009年，美国国家科学委员会发布主题为《改善所有美国学生的科学、技术、工程和数学》的公开信，从而揭开了STEAM教育的序幕，并引发了全球的STEAM教育运动。STEAM课程是指由科学（Science）、技术（Technology）、工程（Engineering）、艺术（Art）、数学（Mathematics）等学科共同构成的跨学科课程，强调知识跨界、场景多元、问题生成、批判建构、创新驱动，既体现出课程综合化、实践化、活动化的诸多特征，又反映了课程回归生活、回归社会、回归自然的本质诉求。由此，通过课程改革来培养学生的跨学科素养，进而提升人才培养质量，成为撬动教育变革的支点。

早期陶行知的"教学做合一"可以算是主题活动的前身。近年来，国内对主题活动教学的研究日渐兴起，根据知网检索结果，共检索到词条关于初等教育主题活动教学64条。经过对主题活动教学实践文献的阅读和整理，小学学段对核心素养导向下数学主题活动关注度还不够，大部分研究还处在初始阶段，主要是综合与实践部分的活动，跨学科的主题活动较少，特别是小学数学主题活动教学尚未形成具有一定影响力的成果，但有关研究值得借鉴。其中《多元融合视域下小学数学主题活动教学机制的构建》一文认为主题活动教学是跨学科背景下的数学内容学习。该文基于建构主义学习理论，从大单元整合、学科交叉、生活现实、学生发展等多元视角，创设真实的主题活动情境，构建深化式、辐射式、分解式等多样主题活动范式，探索主题活动的教学机制，创新主题活动教学的评价机制，为当下小学数学主题活动教学提供参考。《融入数学知识学习的综合与实践教学探索——以1~2年级"珍惜时间"主题活动为例》指出综合与实践领域下的主题活动不论是否进行跨学科教学，教师都应立足学科本质，贴近学生需求，让学生经历发现问题、提出问题、分析问题、解决问题的过程，形成和发展核心素养。值得一提的是我校的科技创新办学特色。我校从2011年起，连续十届举办科技节，这是以小制作、小种养、小收藏、小发明、小创客、小实验等"六小"活动为基础的科技创新活动。多年来，学生的科技创新作品在历届的青少年科技创新大赛中获奖30多件，学校也因此被评为第34届全国青少年科技创新大赛基层赛事优秀组织单位。"六小"活动是主要涉及数学、科学、信息、语文等跨学科主题实践活动，也是我校主题实践活动的重要依托，课题研究的牵引作用能使我校的"六小"活动更规范、更科学、更有价值。

三、核心概念的内涵解读

1. 核心素养

《义务教育数学课程标准（2022年版）》立足学生核心素养发展，充分体现数学课程的育人价值。数学课程要培养的学生核心素养，主要包括以下三个方面：①会用数学的眼光观察现实世界；②会用数学的思维思考现实世界；③会用数学的语言表达现实世界。

2. 主题活动教学

通过综合运用数学和其他学科的知识与方法，实现跨学科解决真实问题的综合实践教学活动，着力培养学生的创新意识、实践能力、社会担当等综合品质。

3. 核心素养导向下的小学数学主题活动教学实践研究

通过跨学科背景下小学数学综合与实践领域的教学活动，其目标是引导学生在跨学科背景下用数学的眼光观察现实世界，用数学的语言表达现实世界中事物的概念、关系和规律，帮助学生感悟数学与现实世界的联系，培养学生实践精神。突出主题性、综合性、自主性、实践性特点培养，发展适应终身发展需要的核心素养，实现义务教育阶段数学课程的培养目标。

四、课题研究的价值

1. 适应学生未来发展的需要

当今科技日新月异，各领域呈现交叉重叠，对复合型、创新型人才需求日渐增多，在原有课程的基础上，开展以跨学科、主题化、实践性为特征的教学改革，能帮助学生适应未来发展的需要。

2. 落实数学新课标要求的需要

《义务教育数学课程标准（2022年版）》明确要求设计体现结构化特征的课程内容，课程内容呈现要注重数学知识与方法的层次性和多样性，适当考虑跨学科主题学习，包括主题活动和项目学习等，要逐渐拓展和加深课程内容，适应学生的终身发展，确保数学新课标要求的落实。综合与实践领域的教学活动，以解决实际问题为重点，以跨学科主题学习为主，以真实问题为载体，适当采取主题活动或项目学习的方式呈现，通过综合运用数学和其他学科的知识与方法解决真实问题，着力培养学生的创新意识、实践能力、社会担当等综合品质。

3. 提升学生核心素养的需要

主题活动教学作为当今教育领域的一个热点话题，已成为落实学生核心素养的重要方式之一。开展主题活动教学研究、探索其教学策略有助于提升核心素养的需要，培养学生用数学的眼光观察现实世界，用数学的思维思考现实世界，用数学的语言表达现实世界。

五、研究设计

（一）研究的目标

1. 构建小学数学主题活动社团课程体系

围绕新课标关于课程的五大基本理念，结合教材综合与实践领域内容，开发益智类、游戏类、文化类、思维类、活动类等主题活动课程，构建起新课标主题活动社团课程体系。

2. 整合小学数学主题活动社团课程资源

遵循学生核心素养形成和发展的内在规律，充分整合学科融合资源、数字化资源、社团活动资源、科普场馆资源、研学基地资源等，拓宽主题活动教学的渠道，实现课程资源的有效利用。

3. 探索小学数学主题活动教学实施策略

探索"玩数学""讲数学""做数学""画数学""用数学"和"量数

学"学习策略，培养学生会求知、会合作、会思考、会解决、会创造，集中体现数学课程的育人价值。

4. 落实学校"五育并举"的重要载体

通过以举办科技节活动为平台，开展数学和科学技术、信息、语文等跨学科融合，推进小制作、小种养、小收藏、小发明、小创客、小实验等六小社团活动，探索落实"五育并举"的载体和路径，形成一主科牵引、跨学科整合、任务性驱动、主题活动承载的教育实践活动策略。

（二）研究的内容

1. 开展主题活动社团课程

内容包括益智类、游戏类、文化类、思维类、活动类和项目类等六类社团活动课程，开展小制作、小种养、小收藏、小发明、小创客、小实验等六小社团活动。

2. 整合主题活动课程资源

主要包括学科知识、数字化、社团活动、故事家长、科普场馆、研学基地六种主题活动课程资源。

3. 形成主题活动教学策略与评价方法

主要涉及"玩数学""讲数学""做数学""画数学""用数学"和"量数学"六套主题活动学习策略及其评价方法。

4. 提炼小学数学主题活动教学案例

定期设计、实施、总结、提炼主题活动教学案例，并在开展的过程中，不断优化、改革、分类、整理，构建相对系统、典型的精品教学案例库。

（三）研究的重点

1. 明确课题研究实践载体——主题活动社团

主题活动课程遵循由低年级到高年级原则，开设相应水平的主题活动社团，分别开设小制作、小种养、小收藏、小发明、小创客、小实验等六小社团，按照"走班制"每周定期开展相应的社团活动。

2. 明确课题研究实施关键——主题活动教学策略

尝试开展传统数学以读、写、算为基本手段外，借助数字化、可视化、模型化、实验化、游戏化、调查化、活动化等拓展为玩、讲、做、画、用、量等学生感兴趣的学习手段进行主题活动教学，在此基础上，开展开放、多元活动评价。

3. 明确课题研究基本保障——主题活动学习资源

研究主题活动课程资源采用"学科+""场所+""技术+""人员+"等形式加以整合和保障。

（四）研究的思路、过程与方法

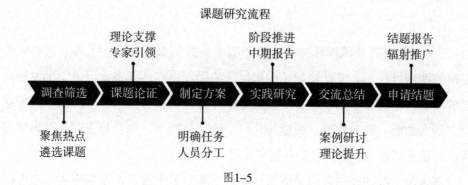

图1-5

核心素养视域下拓展课程的实践与思考

《义务教育数学课程标准（2022年版）》提出五大理念：①确立核心素养导向的课程目标；②设计体现结构化特征的课程内容；③实施促进学生发展的教学活动；④探索激励学习和改进教学的评价；⑤促进信息技术与数学课程融合。四大领域：数与代数、图形与几何、统计与概率、综合与实践及其拓展课程，包括你知道吗、数学广角和校本课程等。

综合与实践课程的教与学该怎样进行？基于五大理念，重新审视、思考、设计与实施综合与实践及其拓展课程领域的教与学。

综合与实践是小学数学学习的重要领域。学生将在实际情境和真实问题中，运用数学和其他学科的知识与方法，经历发现问题、提出问题、分析问题、解决问题的过程，感悟数学知识之间、数学与其他学科知识之间、数学与科学技术和社会生活之间的联系，积累活动经验，感悟思想方法，形成和发展模型意识、创新意识，提高解决问题的能力，形成和发展核心素养。综合与实践主要包括主题活动和项目学习等。小学阶段主要采用主题式学习，主题活动分为两类：第一类，融入数学知识的主题活动；第二类，运用数学知识及其他学科知识的主题活动。这种基于数学的"融"和"跨"，本质上体现了数学学科的一种拓展性、综合性和实践性，也体现了从数学知识到数学能力再到数学素养的必由之路。

说到"结构化"，首先要从"榫卯"结构讲起。榫卯结构是中国古代典型的建筑结构方式，以木材、砖瓦为主要建筑材料，采用木构架为主要结构方式，由立柱、横梁、顺檩等主要构件建造而成，各个构件之间的结点以榫卯（凸出的叫榫，凹进的叫卯）相吻合，构成牢固稳定、富有弹性的框架，形成独具特色的东方建筑风格。

因此，"结构"的意思是由组成整体的各部分的搭配和安排。

结构化思维对教学有什么启发？我们知道，知识体系是由一个一个知识点构成的，如果能让学生将所学知识点横的连成片，纵的也连成片，再一层一层搭起来，这样，就建立起了学生自己的"知识大厦"，这样的"知识大厦"就具有了生长性、发展性和创新性的特点。

课程结构化是指教学中，将逐渐积累起来的知识加以归纳和整理，使之条理化、纲领化、联系化，做到纲举目张。大家熟悉的鱼骨头流程图、思维导图等就是结构化思维的重要表现形式。

在教学上，不论是教师备课，还是学生复习，都需要对所教或所学知识内容进行结构化处理，以厘清核心概念与派生概念之间的关系，了解概念与概念之间的联系，让零散的内容通过核心概念建立起关联。如小学四年级"大数的认识"，有很多数学概念，教师以结构化和大单元视角来备课，就需要对这些概念进行梳理，对教学的帮助是比较大的。如果是单元教学之后，可以安排学生自主进行整理，完善知识结构。

一言以蔽之，结构化视域下小学数学拓展课程是指在小学阶段，基于整体思维和联系观点，遵循课程标准和学生需要，配套现行教材，由教师自主开发的跨学科、拓展性的综合实践活动课程。

人教版的综合与实践领域课程和"你知道吗？"等就是很好的样板，而我们在教学中根据学生的发展需要，也经常会有一些教学的延伸和拓展。

下面根据拓展课程的种类、内容和实施三个板块进行阐述。

一、拓展课程的种类

小学数学拓展课程的种类很多，主要有思维训练类、数学文化类、益智游戏类、主题活动类和项目实践类等。

（一）思维训练类

思维训练类包括七桥问题、对策问题、抽屉问题、周期问题等。

下面以七桥问题为例加以说明。

十八世纪东普鲁士的哥尼斯堡城，有一条小河穿过，河上有两个小岛，有七座小桥把两个小岛和河岸联系起来（如图所示），有人提出一个问题：一个步行者怎样才能不重复、不遗漏的一次走完七座桥，最后回到出发点。

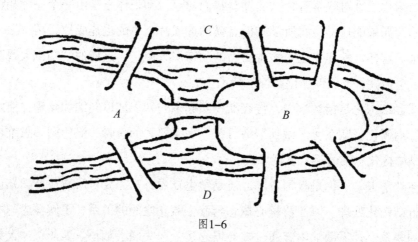

图1-6

后来大数学家欧拉把它转化成一个几何问题——一笔画问题。这不仅解决了此问题，且给出了连通图可以一笔画的充要条件是：奇点的数目不是0个就是2个（这里的连到一点的数目如果是奇数条，就称为奇点；如果是偶数条，就称为偶点。要想一笔画成，必须中间点均是偶点，也就是有来路必有另一条去路，奇点只可能在两端。因此任何图能一笔画成，奇点要么没有，要么在两端）。

（二）数学文化类

数学文化类包括算盘的故事、圆周率的故事、数轴的故事、曹冲称象的故事等。

下面以曹冲称象为例加以说明。三国时期，曹冲长到五六岁的时候，知识和判断能力就像一个成年人。有一次，孙权送来了一头巨象，曹操想知道这头象的重量，便询问他的属下这件事，但属下们都说不出称象的办法。曹冲说："把象放到大船上，在水面所达到的地方做上记号，再让船装载其他东西，称一下这些东西，比较一下就能知道了。"曹操听了很高兴，马上对大象照这个办法做了。

曹冲用的就是等量代换法。国外的阿基米德鉴定皇冠的真假和爱迪生计算灯泡的体积都采用类似的办法。

（三）益智游戏类

益智游戏类包括棋牌游戏、华容道游戏、火柴棒游戏、七巧板游戏等。

下面以七巧板游戏为例加以说明。七巧板是源于我国的益智游戏，把七巧板的七块板分开之后，就可以发现，七巧板是由5个等腰直角三角形、1个平行四边形、1个正方形组成的。七巧板中的三角形，虽然大小不一，但是都是等腰直角三角形。七巧板的功能实在是太强大了。按照不同的方式排列，七巧板可以拼成1600种以上的样式。不仅可以拼出图形，还可以拼成各种人物、动物、建筑、字母、数字等。（具体的拼图方式，我们也来看一下。）

可是，如果换成面积占比视角来看，如果把七巧板的面积看作单位"1"，可以从中找到占总面积的二分之一、四分之一、八分之一、十六分之一的图形。这些基础认知结构，可以为我们提供新的解决问题的办法。

（四）主题活动类

主题活动类包括欢乐购物街、确定起跑线、旗杆有多高等。

下面以测量旗杆高度主题活动为例加以说明。

大家都见过升国旗，旗杆那么高，用什么办法能准确测量出旗杆的高度？

当然现在的办法很多，在小学阶段，最常用的办法是借助在同一时间、同一地点竿高和影长成正比例这一知识来解决。具体办法是在旗杆附近立一根已知长度的竹竿，再测出此时旗杆和竹竿的影长，用比例解答就可以了。这一知识在中学也可以用相似三角形、勾股定理来解决。

（五）项目实践类

项目实践类包括绘制校园平面图、掷一掷骰子、称出面积等。

下面以称出面积实践为例加以说明。

这个项目是漳平市实验小学五（2）班的李瑞霖同学完成的一个创新项目，并在《明师之道》说理小达人第五十五期刊载。以小朋友的眼光和思考，解决了用秤称出生活中不规则图形的面积，为不规则面积的计算贡献了小学生的智慧和方案。

二、设计拓展课程内容

拓展课程内容因其是小学数学课程的拓展，容易出现随意性和碎片化，因此，拓展课程内容的选择、组织和呈现要特别注重跨学科综合、结构化重组和实践性体验。接下来按拓展课程内容的选择、组织、呈现三个方面加以阐述。

（一）拓展课程内容选择

拓展课程内容选择要保持相对稳定的学科体系，体现数学学科特征；关注数学学科发展前沿与数学文化，继承和弘扬中华优秀传统文化；与时俱进，反映现代科学技术与社会发展需要；符合学生的认知规律，有助于学生理解、掌握数学的基础知识和基本技能，形成数学基本思想、积累数学基本活动经验，发展核心素养。要着重体现八个特点：学科性、前沿性、文化性、时代性、发展性、实践性、趣味性、活动性。

下面结合人教版综合与实践领域课程变化趋势进行说明。

人教版教材将常见的量都放在综合与实践中，丰富了综合与实践的内容。常见量都是人为规定的。如认识时分秒、上下左右、东西南北就是人为规定的量，也都归为一个主题活动，供教师们参考。第一学段（1~2年级）安排了五个主题活动：购物活动、时间在哪里、我的教室、身体上的尺子、数学连环画。老师们也可以依此设计一个其他的主题，把这些内容表现出来。

第二学段安排了四个主题活动：年、月、日的秘密，曹冲称象的故事，寻找宝藏，度量衡的故事。其中讲了曹冲称象的故事。我们发现，但凡课标讲起故事，往往都跟传统文化联系起来。在活动中既要认识常见的量，还要感悟其中的数学思想，传播传统文化。曹冲称象有什么数学道理呢？第一个是等量代换的思想，就是说无论是象将船压到哪个位置、还是石头将船压到哪个位置，只要下沉的位置相同，那么重量就是相等，就是等量代换的思想。第二个，就是总量等于分量的和，就是说象太大称不了，那么要用一些石头放在一起，得到跟象同样的重量，然后再分别计算这些石头的重量，得到重量。这是总量等于分量和，就是曹冲称象中所蕴含的这个数学思想。因此我们的传统文化故事其实是要讲出如何用数学的眼光来看这个问题。

再比如，关于度量衡的故事。度量衡是指人们在日常生活中，用于计量物体长短、容积、轻重的统称。度——计量长短用的器具称为度，量——测定计算容积的器皿称为量，衡——测量物体轻重的工具称为衡。

度量衡的故事主要讲秦始皇统一度量衡的贡献。在秦始皇时代所说的尺，其实是一拃长。它是一个长度单位，具体丈量方法是张开大拇指和中指（或小指）来量长度。类似的还有一庹、一脚、一步等。孔子家语中说的升，这个容积单位是一捧（一合），能捧多少东西这个单位叫作升。质量单位最小的单位是铢，铢是指什么呢？是指粟（别名小米），100粒小米的质量称为铢，然后是两、斤，所以无论如何，在过去，所有的度量单位都是人为规定的，而且往往用的都是身边的东西规定的。后来定义了新的度量单位，如米、升、千克等。

第三阶段也安排了四个主题活动：校园平面图、体育中的数学、营养午餐、水是生命之源。第三阶段主题活动就更加复杂一些，对学生的要求也更高一些。

（二）拓展课程内容组织

拓展课程内容组织重点是对内容进行结构化整合，探索发展学生核心素养的路径，处理好三大关系：一是，重视数学结果的形成过程，处理好过程与结果的关系；二是，重视数学内容的直观表述，处理好直观与抽象的关系；三是，重视学生直接经验的形成，处理好直接经验与间接经验的关系。

例如，关于正方形面积公式的推导、应用及拓展问题。

传统的正方形面积公式都是基于长方形的面积=长×宽，因为正方形是特殊的长方形，所以正方形的面积=边长×边长或边长的平方。如果借助七巧板中的等腰直角三角形来拼一拼，学生不难有新的发现。如图1-7所示。

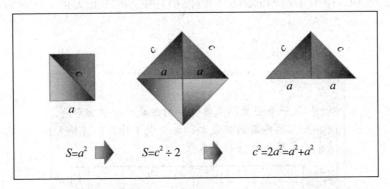

$$S=a^2 \quad \Rightarrow \quad S=c^2 \div 2 \quad \Rightarrow \quad c^2=2a^2=a^2+a^2$$

图1-7

通过用四个完全一样的等腰直角三角形重新拼成一个大的正方形，把小正方形内置的对角线变成大正方形的边长，从而得到正方形的第二个面积公式

$S = c^2 \div 2$。如果再进一步拓展的话，因为$c^2 \div 2 = a^2$，那么$c^2 = 2a^2 = a^2 + a^2$。这是不是勾股定理（$a^2 + b^2 = c^2$）的雏形？

（三）拓展课程内容呈现

拓展课程内容呈现要充分考虑三个维度：一是宽度，即跨学科主题学习，要注重不同学科知识与方法的整合、互补、转换，体现多样性和创新性；二是长度，即适应学生学习和发展的需求，根据学生的年龄和认知规律，适当采取螺旋式上升的方式，体现持续性和发展性；三是厚度，即数学课程内容的适度拓展、延伸和加深，体现层次性和延展性。

下面以长方形面积的拓展课程为例。

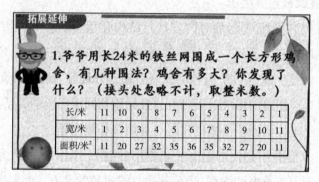

拓展延伸

1.爷爷用长24米的铁丝网围成一个长方形鸡舍，有几种围法？鸡舍有多大？你发现了什么？（接头处忽略不计，取整米数。）

长/米	11	10	9	8	7	6	5	4	3	2	1
宽/米	1	2	3	4	5	6	7	8	9	10	11
面积/米²	11	20	27	32	35	36	35	32	27	20	11

图1-8

可以发现，爷爷采用四面围法，当长和宽相等时（正方形），这时的面积最大。

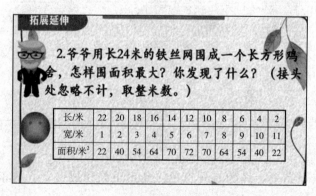

拓展延伸

2.爷爷用长24米的铁丝网围成一个长方形鸡舍，怎样围面积最大？你发现了什么？（接头处忽略不计，取整米数。）

长/米	22	20	18	16	14	12	10	8	6	4	2
宽/米	1	2	3	4	5	6	7	8	9	10	11
面积/米²	22	40	54	64	70	72	70	64	54	40	22

图1-9

可以发现，一面靠墙的围法，当长是宽的2倍时，面积是最大的。这和四面围法完全不同。在四面围法中，最大是长和宽相等时，而在三面围法中，却是长是宽的2倍时面积最大。如果对照数学学科核心素养的标准"三会"，把生活中常见的围篱笆构造成数学主题活动，是培养会用数学的眼光观察现实世界；把两种相似的围成长方形篱笆的方案结构化，引发学生认知冲突，是培养会用数学思维思考现实世界；让学生主动发现规律，并学会用图象进行表征或用公式进行建模，是培养会用数学语言表达现实世界。如此，采用分层教学、结构化教学、跨学科主题教学，既调动了学生的积极性，又能有效规避知识的负迁移，形成较为整体、系统、稳定的认知结构，培养学生的核心素养。

三、拓展课程的实施

小学阶段拓展课程一般以主题活动为主要形式，可以从以下四个方面入手：明确活动目标、选定活动主题、设计活动方案、关注活动评价。

（一）明确活动目标

主题活动目标是指学生参加拓展课程某一阶活动的方向和应达到的要求，是主题活动教学的出发点和归宿。要明确活动目标就必须认真学习和领会《义务教育数学课程标准（2022年版）》中相关学段的"内容要求"和"学业要求"，在"四基""四能"和核心素养方面的具体化要求。

例如，第二学段（3~4年级）。

学业要求：能够积极参与活动，在活动中能独立思考问题，主动与他人交流，加深对数学知识以及数学与其他学科关联理解；经历解决简单实际问题的过程，提高应用意识，积累数学活动经验，感悟数学价值。

这是第二学段总的要求。而对年、月、日的秘密来说，更具体的要求是：知道24时计时法与钟表上刻度的关系，能用24时计时法表示时间；知道年、月、日之间的关系，以及相关的简单历法知识；知道一年四季的重要性，了解中国古代是如何通过土圭之法确定一年四季的，培养家国情怀。

（二）选定活动主题

学校和教师要根据拓展课程的目标，基于学生发展的实际需求，设计活动主题和具体内容，选择相应的活动方式。选题着重体现以下五个要素：自主性、实践性、开放性、整合性、连续性。

下面请观看视频《手绘科学——"时间为什么是十二进制的？"》思考：这是一则和什么有关的问题？如果请你来设计相关的拓展课程，你会怎么做？

关于第一个问题，往大的说，是和计数法有关；往中的说，和进制有关；往小的说，是和时间的进制有关。这三种不同的背景结合选题的五个要素不难确定一个好的选题。

1. 自主性

在主题开发与活动内容选择时，要重视学生自身发展需求，尊重学生的自主选择。就视频提供的题材而言，如果选择方向是计数法的进制，生活中有十进制、二进制、十二进制、六十进制等供学生选择。

2. 实践性

拓展课程强调学生亲身经历各项活动，在"动手做""实验""探究""设计""创作""反思"的过程中进行"体验""体悟""体认"，发展实践创新能力。如可以安排学生收集不同的钟表，制作钟面，制作日历等。

3. 开放性

拓展课程要基于学生已有经验和兴趣专长，打破学科界限，鼓励跨领域、跨学科学习，为学生自主活动留出余地。如可以让学生深入了解不同的计数法进制在不同领域的作用。如二进制主要用于计算机，十二进制和六十进制主要用于时间计算等。而为什么数的计算采用十进制，而时间的计算采用十二进制？这些问题足以引起学生足够的兴趣。

4. 整合性

拓展课程对活动主题的探究和体验，要体现个人、社会、自然的内在联系，强化数学、科技、艺术、道德等方面的内在整合。如中国古代利用土圭之法确定四季的主题活动，就可以整合成国际上较为流行跨学科STEM（科学、技术、工程、数学）整合项目，加强对学生人文素养、数学素养、科学素养、技术素养、工程素养这等方面教育。

5. 连续性

拓展课程的内容设计应基于学生可持续发展的要求，设计长短期相结合的主题活动，使活动内容具有递进性。要处理好学期之间、学年之间、学段之间活动内容的有机衔接与联系，构建科学合理的活动主题序列。如人教版综合与实践第一学段排时分秒，第二学段排年月日、一年四季、十二节气等，这样编排，有衔接，有联系，有深入，也有拓展，体现了知识经验的连续性和生长性。

（三）设计活动方案

主题活动教学要设计出完整可行的活动方案，可以利用信息技术或制作教具的形式，展示跨学科主题的背景；参考学生个人经验和已有知识积累，从解决问题需要出发，明确所学数学知识与技能，提出相应学习任务，确定学习活动形式，明确学习成果的形式和要求等。

活动方案包含活动时间、地点、目标、形式、准备、过程、成果等要素。

下面以第二学段"年、月、日的秘密"为例介绍一个简要的活动方案。

【活动主题】

年、月、日的秘密

【活动目标】

学生依托生活经验，了解24时计时法，会用24时计时法表示时刻；梳理总结对年、月、日的认识，探索它们之间的关系；感受生活中时间单位的应用，提高应用意识。

【活动设计】

1. 我的一天时间规划。

2. 日历中的发现。

3. 年月日知多少。

4. 制作月历牌。

（四）关注活动评价

主题活动评价以教学目标为依据，内容主要包括学生对相关知识内容的理解，对现实情境数学表达之间关系的把握；学习活动中操作、思考、交流、创意等方面的表现。

从评价主体来说，可以分为教师评、学生评、家长评、自评。从评价方式来说，可以分为过程性评价和结果性评价。过程性评价常见的有记录式、积分式、闯关式、进阶式；结果性评价常见的有活动作品（物化成果）、活动报告（理论成果）、数学模型（数学表达）。

　　数学是研究数量关系和空间形式的科学。开发与实施结构化视域下小学数学拓展课程，立足学生核心素养发展，培养学生用数学的眼光观察现实世界；用数学的思维思考现实世界；用数学的语言表达现实世界。从而把数学教学转变为数学教育，体现数学课程的育人价值。

单元整体视域下小学数学跨学科
主题教学的实践与思考

——以"图形与几何"领域为例

一、单元整体教学解读

单元整体教学源于美国教育家莫里逊的"单元教学法"。我国充分吸收了整体学习（Holistic Learning）、科学、技术、工程和数学教育（STEM）、项目式学习（PBL）等学习方式的成果，形成具有中国特色的单元整体教学，成为发展学生核心素养的有效学习方式。

《义务教育数学课程标准（2022年版）》指出，改变过于注重以课时为单位的教学设计，推进单元整体教学设计，体现数学知识之间的内在逻辑关系，以及学习内容与核心素养表现的关联。

课时是教学的基本单位。单元是有着共同主题的教学单位，单元整体教学是以单元为主题，进行整体设计，分步实施的教学方式。主要特征：一是提炼主题——数学知识之间的内在逻辑关系，学习内容与核心素养表现的关联；二是整体设计——分析数学本质，遵循认知规律，确定单元目标，构建"主题—单元—课时"框架；三是分步实施——创设真实情境，设计合理问题，注重结构化（转化、迁移、关联），设计评价量表；要注重教学内容与核心素养的关联在教学过程中，不仅要注重具体内容与核心素养之间的关联，还要注重内容主线与核心素养发展之间的关联。

下面以人教版五年级下册第三单元"长方体和正方体"为例，理解单元整体内容知识框架、具体内容与核心素养表现的关联、内容主线与核心素养发展的关联。长方体和正方体的知识分三个部分，分别是长方体和正方体的认识、表面积和体积，包括长方体的认识、表面积计算、不规则物体的体积等10个内容。具体内容与核心素心素养之间的关联表，见表1-1。

表1-1

项目名称	知识领域	学段主题	单元主题	课时题目
知识框架	图形与几何	图形的认识与测量	长方体与正方体	体积和体积单位
整体内容	1. 认识 2. 测量 3. 计算			
关联素养	1. 量感 2. 推理意识 3. 空间观念 4. 几何直观			
内容结构化	1. 量感 2. 推理意识 3. 空间观念 4. 几何直观			

内容主线与核心素养发展之间的关联表，见表1-2。

表1-2

学段	教学内容	"四基""四能"水平	核心素养表现
第一学段	认识立体图形和平面图形	直观辨认和感知	初步的空间观念
第二学段	认识立体图形和平面图形关系	感悟图形的抽象	逐渐形成空间观念和初步的几何直观
第三学段	图形的测量和计算	从度量的角度加深对图形的认识，理解图形的关系	进一步增强空间观念、量感和几何直观

二、主题式教学的理解

什么是主题式学习？主题式学习是跨学科背景下的数学内容学习，如果侧重于教师端的教学设计与实施，则可以理解为主题式教学。

主题学习分为两类：第一类，融入数学知识学习的主题活动；第二类，运用数学知识及其他学科知识的主题活动。

什么是项目式学习？项目式学习是用数学方法解决现实问题的学习。

主题式学习与项目式学习的联系与区别是什么？两者的共性是跨学科、综合与实践领域的重要学习方式，区别在于主题式学习是关于数学内容的学习，项目式学习是关于问题解决的学习。

三、主题式学习的特点

（一）跨学科中站稳数学立场

跨学科有狭义和广义两种理解：狭义的理解是数学跨语文、科学、英语、美术、信息科技等学科；广义的理解是数学与科学、技术、经济、金融、地理、艺术等学科领域的融合。数学立场指的是通过跨学科主题学习，进一步理解、研究、应用数量关系和空间形式。

（二）大主题中指向核心概念

重点突出概念、关系、运算、模型的一致性、一般性。例如，图形的测量：统一的测量单位；相应单位的累加。再比如，加法模型是表示总量等于各分量之各，乘法模型可大体分为与个数有关（总价=单价×数量）和与物理量有关的（路程=速度×时间）的两种形式。

（三）任务群中指向核心素养

数学眼光：抽象能力（包括数感、量感、符号意识）、几何直观、空间观念与创新意识。

数学思维：运算能力、推理意识或推理能力。

数学语言：数据意识或数据观念、模型意识或模型观念、应用意识。

四、主题式学习的构建

（一）主题式学习的类型

1. 文化类：田忌赛马、曹冲称象、土圭的故事等。

2. 益智类：七桥问题、抽屉问题、周期问题等。

3. 游戏类：套圈游戏、摸牌游戏、摸球游戏等。

4. 生活类：快乐购物、我的教室、铺砖问题等。

5. 实践类：做纸箱、纸的厚度、数学连环画等。

（二）主题式学习的实施

主题式学习的实施主要包括如图1-10所示的六个步骤。

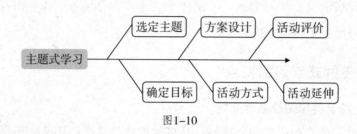

图1-10

（三）主题式学习实施路径

1. 确定"目标+驱动"的主题学习目标

以铺砖等问题为例，谈谈主题式学习实施路径。把铺砖主题进行整体设计，分成四个阶段进行，细分阶段目标和具体任务，预设若干驱动问题，为主题式学习确定方向和动力。

表1-3

项目阶段	阶段任务	维度目标	驱动问题
第一阶段	以小组为单位，测量出图书馆的长与宽，画出图书馆的平面图，并算出面积	1. 长方形和正方形的认识和面积计算知识。 2. 测量长度和绘制平面图的技能。 3. 培养空间观念、几何直观、运算能力	1. 绘制平面图需要测量哪些数据？ 2. 测是时会遇到哪些困难？
第二阶段	分小组进行调查，搜集铺地时会遇到的问题，最后把这些问题交流汇总，以PPT形式呈现	1. 科学调查和沟通的能力。 2. 信息技术呈现的能力。 3. 培养空间观念、几何直观和应用意识	1. 怎样安排调查内容和对象？ 2. 调查结果呈现有什么困难？
第三阶段	以小组为单位，到建材市场计算不同规格地砖的面积，根据地砖价格的不同，选择合适的地砖	1. 长方形或正方形面积的运算能力。 2. 合理选择地砖的能力。 3. 培养空间观念、运算能力和应用意识	1. 如何在比较中进行选择？ 2. 选择的依据（价格、实用美观等）是什么？

项目阶段	阶段任务	维度目标	驱动问题
第四阶段	根据图书馆和地砖的面积算出需要的数量以及造价形成设计方案	1. 问题解决的能力。 2. 制订方案的能力。 3. 培养空间观念、模型意识和创新能力	1. 铺地砖造价在总造价预算中的占比会影响你的选择吗？ 2. 设计方案要呈现哪些内容？

2. 设计"主题+挑战"的主题学习任务

根据教材单元内容提炼主题"身体尺"，开出身体尺任务单，分解出可度量的身体部位，设定测量分工、任务、方法、数据产生。提出具有挑战性问题"以身体尺为单位，有哪些利弊？如何解决？"在围绕直接数据和平均数据、个体数据和统一单位等权衡中建立量感和统计观念。

表1-4

身体尺	一拃长/cm	一庹长/cm	一脚长/cm	一步长/cm
长度单位记录				
测量结果记录				
任务选择	1. 测量一号楼一层走廊一段长度。 2. 测量学校大门口斜坡一段长度。 3. 测量学校操场弯道一段长度。 （提示：确定好测量的长度两端、路线、次数）			
任务分工	1. 测量： 2. 记录： 3. 汇总：			

3. 实施"反思+修正"的主题学习过程

在学习了五年级长方体和正方体的知识，可结合学生的生活实际，选择几种常见的包装盒，组织学生分组进行，在收集、观察、操作和反思中，把立体图和展开图关联起来，把实际使用面积和公式计算面积关联起来，把包装方法和实际使用关联起来，从而获得具有知识背景，又有实际背景，还有应用背景的"活知识"，在反复、可逆的操作实践中获得不断修正的体验。

表1-5

名称	实物图	展开图	供纸面积	使用面积
快递包装盒				
血压计盒				
礼品盒				
活动提示	1. 分工：组长（　　　），记录员（　　　），测量员（　　　）。 2. 任务：准备三种不同类型的有盖纸盒（箱）。 3. 活动：按上面要求测量、计算、填写。 4. 发现：（　　　　　　　　　　　　　　　　　　　　　　　）			

4. 开展"评价+激励"的主题学习评价

主题式学习一般以小组合作的形式进行，学生在主题下以任务驱动、分工协作的方式完成。与课堂教学不同，主题式学习可以在课外、分阶段、无教师的情况下完成，这就需要建立起必要的评价和激励机制，记录组员的学习表现水平，学习的任务达成，活动成果呈现，并给予多元、分等级评价，发挥评价的激励功能。

表1-6

姓名	表现水平			自评	互评	师评
	A	B	C			
小强	很熟练 很合作 有成果	较熟练 会合作 有记录	刚熟练 肯合作 无记录			
思涵	很熟练 很合作 有成果	较熟练 会合作 有记录	刚熟练 肯合作 无记录			
伟光	很熟练 很合作 有成果	较熟练 会合作 有记录	刚熟练 肯合作 无记录			

数学教学视角下幼小衔接的实践与思考

幼小衔接源自德国教育家哈克的断层理论。近年来，幼小衔接的话题热度不减，教育部为此出台宏观指导文件《幼儿园入学准备教育指导要点》。本文意在中观层面、以数学教学视角加以审视，通过对幼儿园大班和小学一年级的课程诸要素进行比较，在此基础上提出相应的衔接策略，实现幼小衔接，达成贯通教育。

一、数学课程要素的比较分析

为客观、准确地把握小学和幼儿园在数学课程上的差异，笔者对《福建省幼儿园教师教育用书领域活动指导（大班下册）》中的"数学"和《人教版义务教育教科书教师教学用书（一年级上册）》课程的学习内容、学习要求和教学建议三个维度进行比较分析。

（一）教学内容差异：系统教学对断点续存

下面为幼小衔接数学学习内容比较分析表（见表1-7）。

表1-7

教学内容		
领域	幼儿园大班下册	小学一年级上册
数与代数	1. 认识0 2. 学习编加法应用题 3. 学习列加法算式 4. 按规律排序（四） 5. 学习编减法应用题 6. 学习列减法算式 7. 学习二等分	1. 数一数（1~10） 2. 5以内数的认识和加减法 3. 6~10的认识和加减 4. 11~20各数的认识 5. 20以内的进位加法

教学内容		
领域	幼儿园大班下册	小学一年级上册
图形与几何 / 图形与空间	1. 认识正方体、长方体 2. 长度、面积守恒	1. 位置（上、下、前、后、左、右） 2. 认识图形（一）（长方体、正方体、圆柱、球）
统计与概率 / 测量与统计	1. 多角度分类4.1分钟 2. 层级分类 3. 认识整点	认识钟表（分针、时针、整点及标记）
综合与实践 / 游戏活动	1. 整理衣服 2. 鞋子分一分 3. 俄罗斯方块 4. 小木块闯关 5. 装修房子 6. 数字表 7. 三子棋 8. 幼儿园的一天 9. 火柴总动员　设计花边 10. 分一分 11. 数字九宫格 12. 投壶游戏 13. 寻找0朋友　我喜欢的玩具 14. 数字拼一拼	1. 准备课 2. 数学乐园

从领域分类看，数与代数领域名称相同，其他三个领域名称有小变动：分别为图形与几何对应图形与空间、统计与概率对应测量与统计、综合与实践对应游戏活动。

在数与代数领域，从数的角度看，大班下册认识了10以内的数和0；一年级上册拓展至认识20以内的数，系统学习了基数、序数、位值和数的组成。从运算角度看，都学习简单的加减法。大班下册学习1~5的"分合式"加减法，一年级上册学习"凑十法"计算20以内加减法，增加了0的运算；从关系角度看，都学习了比大小及其符号"="">""<"，一年级上册还学习了加减互逆关系。找规律一年级排在下册，上册没排。大班下册安排"学习二等分"，"平均分"安排在二年级下册第二单元表内除法（一），时间跨度较大，这部分知识是乘除关系的起点，断层也大。从解决问题角度看，大班下册学习编5以内的

加减法应用题，了解应用题的结构，尝试在活动情境中提出加法或减法问题。一年级上册把解决问题和数的运算结合起来，借助教学情境，体会数量关系，用图式表示关系，按照步骤解决问题。总的来说，数与代数两个阶段连续性较强，一年级学得更全、更系统教学。

图形与几何（图形与空间）领域：关于位置与方向，大班上册学习了"以自身为中心区分左右"，下册没有再学习；一年级上册安排学习上下前后左右的位置关系，强调了位置关系是相对关系，与参照物有关。关于长度、面积守恒，一年级及以后并未专门学习，类似于公理性存在。这两项表现为断面。立体图形大班学习了实物为主的正方体、长方体，一年级扩展学习了常见的长方体、正方体、圆柱、球四种立体图形的模型（类似于积木，有透视，有阴影，五年级下册才抽象出三维立体图形），都要求会辨认，能说出其特征，只是一年级下册多学了圆柱和球这两种常见立体图形，均停留在实物和积木方块上，这部分知识是连续性的。

统计与概率（测量与统计）领域：大班下册的多角度分类、多层级分类，一年级上册没有专门的学习，但在练习上有延续体现，"分类与整理"安排在一年级下册，"数据收集与整理"安排在二年级下册。在时间学习方面，总体是延续教学。大班下册学习了"认识整点""1分钟"，一年级上册学习"认识钟表"。小学更系统、更全面些，区别在于大班侧重尝试看整点，感知1分钟；一年级侧重掌握看整点，用两种方法表示时间。两个阶段都进行了合理安排作息时间教育。

综合与实践（游戏活动）领域：从课时看，数与代数领域知识比重相当大，大班占总课时的43.3%，一年级占总课时的85%，大班数学游戏活动占总课时53.3%，而一年级只1节课（不含准备课）占总课时量的1.9%。从内容看，大班14节游戏活动涵盖了前面四个领域，而一年级1课时覆盖了全册所有的内容。

就内容维度而言，两个阶段连续性较强。从程度看，大班下册整体为简单的、具体的、零散的；一年级上册整体是较复杂、较抽象、系统的。从来源来看，幼儿园以游戏、生活、经验为主，小学以经验、知识、技能为主。总的来说，大班下册的内容表现的是"断点续存"，一年级上册的表现的是"系统教学"。

（二）教学要求差异：因人而异VS统一要求

以下为两个阶段的学习要求比较分析列表，见表1-8。

表1-8

领域	幼儿园大班下册	小学一年级上册
数与代数	1. 知道"没有"可以用数字0表示，了解数字0在生活中的不同含义和实际运用。 2. 学习编5以内的加法应用题，能根据不同的条件编题，初步了解加法应用题的结构。 3. 认识加号和等号及其含义，学习看情景图、看分合式列加法算式。理解加法算式表示的意义。 4. 发现并表述物体递增、递减的排列规律，能接着往下排。感知规律在生活中的运用。 5. 学习编5以内的减法应用题。能根据不同条件编题，初步了解减法应用题的结构。 6. 认识减号和等号及其含义，学习看情景图、看分合式列减法算式。理解减法算式表示的意义	1. 熟练地数出数量在20以内的物体的个数，会区分几个和第几个，掌握数的顺序和大小，掌握10以内各数的组成，会读、写0~20各数。 2. 初步知道加减法的含义和加减法算式中各部分的名称，初步知道加法和减法的关系，比较熟练地计算一位数的加法和10以内的减法。 3. 初步学会根据加减法的含义和算法解决一些简单的实际问题。 4. 认识符号"="">""<"，会使用这些符号表示数的大小。 5. 体会学习数学的乐趣，提高学习数学的兴趣，建立学好数学的信心。 6. 养成认真作业、书写整洁的良好习惯
图形与几何 / 图形与空间	1. 能说出正方体、长方体的名称，感知期主要特征。能比较并表述正方体与长方体的异同点。能找出与正方体、长方体相似的物品。 2. 能不受物体摆放位置和外形变化等的影响，正确判断物体长度或面积的守恒。能用重叠、移位、计数、测量等方法进行验证	1. 直观认识长方体、正方体、圆柱、球。 2. 会用上、下、前、后、左、右描述物体的相对位置。 3. 会学习数学的乐趣，提高学习数学的兴趣，建立学好数学的信心。 4. 养成认真作业、书写整洁的良好习惯
统计与概率 / 测量与统计	1. 学习按照物品的不同特征进行多角度分类，并记录分类标准。能正确表述自己的分类理由。 2. 能按物体的不同特征进行多层级分类。学习用数字与符号进行记录。	1. 初步认识钟表，会认识整时。 2. 体会学习数学的乐趣，提高学习数学的兴趣，建立学好数学的信心。 3. 养成认真作业、书写整洁的良好习惯

领域	幼儿园大班下册	小学一年级上册
统计与概率 / 测量与统计	3. 认识时钟，感知时钟在生活中的用途；了解时针和分针的运行方向和运转规律，学习认识整点。 4. 尝试用不同的方法将一个物体分成相等的两份，并能说明等分的方法。理解整体与部分的关系。 5. 感知时间，体验1分钟的长短。感受时间与生活的关系，学会珍惜时间	
综合与实践 / 游戏活动	1. 学习按标准逐层分类整理，理解类与子类的关系。 2. 认识百数表听数字，并知道其排列顺序。发现百数表中同行依次差1，同列依次差10的排列规律。 3. 认识半点和整点，能够在钟面上正确画出时针和短针的位置，并用数字记录时间。结合幼儿园的一日活动，合作编制幼儿一日活动时间表。 4. 看数字列式计算，复习加减运算。 5. 尝试用宝石花插塑拼搭组合出不同形状的俄罗斯方块，感知发现几何形体的基本特征。 6. 尝试将一个物体分成相等的两份或四份，掌握体积等分的方法，进一步感知整体和部分的关系	1. 通过经历"下棋"游戏活动的全过程，使学生初步感受到估事情要遵守"规则"的重要性。 2. 在"下棋"的过程中，使学生学会调用以前的知识、经验解决生活中常见的问题，感受数学与生活的联系，培养合作和交流能力。 3. 感受梳理知识的重要性，体会归纳整理知识的好处。 4. 初步培养学生的审题意识和倾听的习惯

从"思维"角度来看，大班下册表现为感知、直观、操作的直观动作思维，一年级上册表现为直观、操作、（类比）推理的具体形象思维，是一次缓坡爬升过程。

从"四能"角度来看，大班下册主要依托生活情境，提出问题，尝试解决问题。一年级上册采用创设情境，表达数量关系，有步骤解决问题，是一次陡坡跃升过程。

从非智力因素角度来看，学前学习以活动为特点，游戏为主轴，学生在"玩"中学，没有学习负担，重在参与过程，是典型的"快乐学习"。小学学习以教学为特点，任务是主轴，学生在"坐"中学，有一定的学习负担，学习效果要评价，特别是在作业、书写、倾听、审题、检查等学习习惯，小学每个领域都有相应的要求。因此，情感态度方面落差明显，需要对学习兴趣进行的重建。

就学习要求维度而言，幼儿园伸缩性较大；小学目标任务明确。

（三）教学建议差异："玩"中学VS"坐"中学

以下为两个阶段的教学建议列表，见表1-9。

表1-9

领域	幼儿园大班（下册）	小学一年级（上册）
数与代数	1. 认识数字0，了解"没有"可以用数字0表示；继续观看数字资源第3—5页，进一步理解数字0的意义；了解数字0在生活中的实际运用和不同含义。 2. 游戏"买水果"，学习描述应用题；仿编加法应用题；学习根据图片内容编加法应用题；引导幼儿分组活动，练习编加法应用题。 3. 播放数字资源（学习列加法算式），引导幼儿复习编加应用题；用数字和符号表示加法事件，初步认识加法算式；学习看分合式列加法算式；幼儿分组活动，练习列加法算式；结合记录表交流操作情况，初步感受算式的抽象意义。	1. "数一数"：按照计数的进程适时呈现集合图，了解学生认数、读数情况，注意把握教学要求。 2. "比多少"：童话"小猪帮助小兔盖房子"故事引入，利用小兔所搬的砖、小猪所搬的木头的比较，使学生理解"同样多""多"和"少"的含义，初步感受物体多少的基本方法"一一对应"的方法。 3. "1~5的认识和加减法"：把写数字作为教学重点，并培养学生良好的习惯；在数概念中建立初步培养学生的数感、符号意识；加强对加减法含义的教学；提倡计算方法多样化；充分发挥每一道练习题的价值，把解题的过程变成培养学生能力的过程；适时、适度渗透集合、对应、统计等思想。 4. "6~10的认识和加减法"：充分发挥主题图的作用；加强操作和观察活动的目的性；注意计算方法的引导；加强对解决问题步骤与方法的指导；加强追问，使学生"知其然"还要"知其所以然"。

领域	幼儿园大班（下册）	小学一年级（上册）
数与代数	4. 播放数字资源（按递增、递减规律排序）第2页、第3页，以"到魔法城堡解救王子"的故事情节引入；设置"找钥匙""彩色的路"的问题情境，帮助幼儿复习AABAAB、ABCABC的排序规律；设置"猴子排队"的情节，引导幼儿发现递增规律；播放数字资源第9页，引导幼儿发现与学习递减规律；幼儿分组活动，继续学习按照递增、递减的规律排序。 5. 结合实物演示，学习描述减法事件；幼儿描述的基础仿编减法应用题；结合数字资源，梳理减法应用题的结构；幼儿分组活动，进一步学习根据情景图、集合图等编减法应用题。 6. 播放数字资源（学习列减法算式），复习编减法应用题；用数字符号表示减法事件，初步认识减法算式；学习看分合式列减法算式；幼儿分组活动，练习列减法算式；结合记录表交流分组操作的情况，发现自己或同伴在列减法算式中的错误并纠正	5. "11~20各数的认识"：注重动手操作和直观经验的积累；继续让学生体验解决问题的一般过程。 6. "20以内的进位加法"：建立数与数之间的重要联系，为正确应用"凑十法"做好准备；注重算法的理解过程；设计形式多样、生动有趣的练习，提高学生的计算能力；让学生在解决问题的过程中，逐步积累解决问题的经验和解决问题的方法；适度渗透函数思想
图形与几何／图形与空间	1. 引导幼儿复习、巩固正方形与长方形；引导幼儿通过观察、比较，初步感知正方体、长方体的主要特征；引导幼儿找一找像正方体和长方体的物品。	1. "认识位置——上、下、前、后""左右"：在生活情境中认识上、下、前、后、左、右的位置关系，能用这六个方位描述物体所在的位置，经历观察、操作和活动的过程，初步掌握左、右位置的方法。

领域	幼儿园大班（下册）	小学一年级（上册）
图形与几何 / 图形与空间	2. 游戏"帮绳子找朋友"，了解比较长短的方法；改变绳子摆放的方式，初步感受长度守恒；通过正方形拼图游戏，初步感知面积守恒；幼儿分组活动，进一步感知长度与面积的守恒	2. 认识图形（一）：在分类、观察、动手操作等活动中，直观认识长方体、正方体、圆柱和球等立体图形，并能够辨认和区别这些图形，注意培养学生的观察意识和能力；在拼、摆、搭等活动中，获得对简单几何体的直观体验，并进一步认识立体图形的显著特征；在对生活中的实际物体进行分类的活动中渗透分类思想。 3. "认识钟表"：观察、比较这三个钟面"有什么相同的地方"，归纳出辨认整时的方法，然后观察3块电子表，说说电子表是怎样记录整时的。在制作钟面、拨、连、猜等活动中认识钟表，结合"一天作息时间"，学会合理安排时间
统计与概率 / 测量与统计	1. 引导幼儿学习按不同的特征进行分类，初步感知多角度分类；幼儿分组操作练习，巩固按物品的不同特征进行多角度分类。 2. 以"超市开张"导入，复习按物体的特征分类；初步感知层级分类；分组操作活动	
综合与实践 / 游戏活动	1. 以猜谜的形式引入活动，了解时钟的用途；认识时钟的钟面结构，了解时针和分针的运行方向和运转规律；学习辨认整点；以游戏形式巩固对整点的认识。 2. 以"好吃的饼干"的问题导入，激发幼儿兴趣；师幼分享交流，感知二等分的含义；引导幼儿分组活动，尝试用多种方法将物体二等分。	设计并制作好学具和教具，把握难易程度，有效组织教学。以"下棋"游戏为主题，共23个题目，包含6个单元所学内容：数的认识（数数、数的组成、比大小、数的顺序、基数和序数、认读写）及加减法计算，"图形与几何"领域中的位置和立体图形的认识

领域	幼儿园大班（下册）	小学一年级（上册）
综合与实践 / 游戏活动	3. 播放数字资源（1分钟）第2页，以"参加羊村聚会"的游戏导入活动；结合数字资源第3页，多方面感知1分钟；通过两次"1分钟制作聚会饰品"，比较、体验1分钟在生活中的作用；游戏"乘车"，进一步感知时间与生活的关系	

从教学情境上看，两者都重视情境创设，不同处在于，大班主要采用生活情境，整节课常常以一个教学情境贯穿始终，幼儿扮演情境中的一个角色；一年级主要采用问题情境，情境创设常常起到制造认知冲突，营造问题氛围，服务新知学习，任务指向较强。

从组织形式上看，大班主要采用围坐式，以游戏活动为主，强调活动性；一年级主要采用并排式，以教学活动为主，强调学习性。

从学习方式看，大班主要采用游戏化、活动化、生活化方式，体现在组织松散，具身认知为主；一年级主要采用认真听讲，独立思考，动手操作，自主探索，合作交流等学习方式，纪律约束为特征。

从学习任务看，大班的活动任务在课上完成，没有纸笔作业，没有考试；一年级的学习任务课内外都有，每节课、每天都有听、说、读、写、算作业，期末有考试（"双减"后一、二年级采用无纸化测试）。

二、幼小衔接的教学建议

基于以上比较分析结果，为精准落实幼小衔接，提出如下四点建议。

（一）立足整体，建立贯通教育理念

先看"分类"的衔接教学案例。

案例："分类"的衔接教学

大班下册《多角度分类》教学，主要引导孩子按不同特征对物品进行分类，会说出分类的理由，把分类结果用"堆"或"格"存放。

一年级下册《分类与整理》教学，主要让学生先分类，再绘制象形统计图，然后把分类结果填入表中，再提出一些简单的数学问题（谁比谁多，谁比谁少，一样多，谁最多，谁最少等）。

两个阶段的衔接建议（见表1-10）：在分类阶段，从"堆"或"格"引出"数"；在整理阶段，从"类"和"数"引出"象形统计图"或"简单统计表"；在表达阶段，从"象形统计图"或"简单统计表"引出"发现的信息"或"提出的问题"。

表1-10

项目	分类标准	分类动作	分类结果	数学素养
大班下册《多角度分类》	形状、颜色、大小	分一分，摆一摆，记一记	记录表"堆""格"	多角度分类表述分类理由
一年级下册《分类与整理》	形状、颜色、性别	分一分，涂一涂数一数，填一填	整理在表中象形统计图	分类整理知道信息提出问题
衔接点	1. 分类阶段：从"堆"或"格"引出"数"。2. 整理阶段：从"类"和"数"引出"图"或"表"。3. 表达阶段：从"图"或"表"引出"信息"或"问题"			

综上比较，大班和一年级在学习内容、学习要求和教学建议存在断点、断面、断层等问题，因此，教师要加强两个阶段的衔接研讨，立足整体，建立贯通教育理念。一年级教师在集体备课时，可主动邀请大班教师参加，了解学前现有发展水平，小学应当达到潜在发展水平，两者之间的最近发展区在哪里？再设计出适合学生、效果良好的教学，实现发展水平的贯通教育。

（二）主题学习，突破难点

游戏是幼儿园的主要特点，教学是小学的主要形式，如何让游戏过渡到教学？下面以"时间"的衔接教学为例。

案例："时间"的衔接教学

以下为幼儿园"认识时间"和小学"认识钟表"学习活动比较表，见表1-11。

表1-11

教育阶段	教学活动		
幼儿园大班	猜谜： 会说没有嘴，会走没有腿	儿歌： 哥哥短，弟弟长，天天竞走大家看	游戏： 老狼老狼几点钟
小学一年级	教学： 认识钟表教学	作业： 绘制钟面、快乐周末	主题： 古老的计时工具
衔接点	"做"中学：合作绘制钟面、完成周末时间表、寻找古老的计时工具		

从以上比较中可以看到，幼儿园大班以猜谜、儿歌和游戏为活动形式，先入为主，反复强化，模仿记忆。一年级以教学、作业、主题活动等方式，完成关于"时针指向几，分针指向12，就是几时"，积累时针和分针联动的活动经验，初步形成"整时"抽象和量感。

两者衔接的点在哪里？就在于主题学习设计，学生通过绘制钟面、安排周末时间表、寻找古老的计时工具三个有联系的主题活动，巧妙地把学习时间的任务和操作活动结合起来，把"玩"中学，"做"中学（单人"做"）和"做"中学（双人"做"）统一起来，从课内到课外，系统了解时间这个既有规律，又有"规定"的概念，全面了解关于时间的数学历史文化，以内容本身激发学生的兴趣。

以上为关于时间教学的"主题学习"案例。一年级突破"做"中学的切入口就在于"做"，而"做"中学最好的抓手和形式就是主题学习。主题学习指根据单元内容确定一个主题，有计划、有步骤、有评价地安排学生围绕主题开展调查、整理、制作等一系列活动，借助"做"中学，把"玩"中学过渡到"做"中学，在动静搭配中养成认真听讲、有目的学习的习惯，实现学习方式的贯通教育。

（三）以生为本，促进学儿角色转变

一年级新生刚入学，常常出现以下现象：有小朋友上课随意离开座位；没有举手随意讲话；不会正确握笔，书写很慢；不懂得按时交"作业"；早晨无法按时起床等。这些现象正说明幼小衔接的复杂性和必要性。大班老师要帮助幼儿做好身心准备、生活准备、社会准备和学习准备。请观看视频《上小学，我们准备好了》。

案例：视频《上小学，我们准备好了》

视频《上小学，我们准备好了》，镜头中，幼儿园小朋友们在充满期待地讨论小学和幼儿园的区别，上小学需要准备什么？上小学最担心什么？展示儿园大班开展的幼小衔接活动，如做小实验，玩数学游戏等。

从视频中可能看出，小朋友对上小学有担忧，更多的是期待。幼小衔接必须直面现实，抓好以下五大转变，促进幼儿园小朋友成为合格的小学生。

1. 生活习惯的转变。一年级小朋友要会看"三表"（课程表、值日表、作息时间表），会按"三表"安排行事，养成做事有规划，遇事有准备，事后有检查的习惯。

2. 学习习惯的转变。好习惯影响一生，小朋友要按照正确的握笔、坐姿、书写、听讲、发言、检查的要求，始终坚持不懈地做到、做好、做优，最终能养成一生受用的好习惯。

3. 交往能力的转变。学会主动认识新朋友，主动举手发言，愿意和好同桌、好伙伴、好老师在一起玩耍、学习和活动，丰富和发展语言沟通能力。

4. 效率意识的转变。教师可根据按时完成、提前完成、超时完成三种情况，对学生给予精神奖励和物质奖励，强化其效率意识，养成按时完成任务的习惯，感受按时完成任务的好处。

5. 角色意识的转变。要让学生主动体验不同角色，切换不同角色，挑战新的角色，自己的事情自己做，班级的事情大家做，同学的事情帮着做，培养自主意识、责任意识、团队意识。

需要指出的是，纪律约束是小学课堂和活动秩序的根本的要求和保证，"先严后宽，前紧后松，表扬为主，爱心第一"是一年级老教师的经验之谈。通过"五个转变"的努力，促进儿童学习习惯等非智力因素的贯通教育。

（四）正视差异，发挥因材施教作用

就儿童个体而言，还存在着各种各样的差异，这种差异可能来自年龄，也可能来自性别，在数学学习上最终主要集中在学生的思维水平差异上，因此，教师要深入了解儿童的思维特点，发挥因材施教作用，缩短衔接周期，实现思维水平的贯通教育。

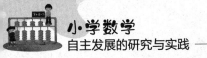
案例：视频《5的分与合》衔接教学

视频《5的分与合》，教师用5个圆片表示数字5，演示5个圆片可以分成两堆，一堆2个，另一堆3个；或一堆1个，另一堆4个。在此经验积累基础上，再用小木棍连接成分合式来表示，最后生成数学加法算式。

教学上要正视个体差异，了解每个学生的特点，在统一要求的同时，要尽量避免"一刀切"。对于接受较差、动作迟缓、反应较慢的学生，可采取具身教学、直观教学、分步教学、分层教学等方法，通过小步子、低门槛、多台阶、操作化、可视化等方式，把学习的内容转化成最近发展区，让学生"跳一跳就能摘到桃子"。正如视频《5的分与合》，以"实物操作—图形表示—图式表达—算式表达"小步子教学为学生的学习搭好脚手架，分解思维的坡度，贴近学生的最近发展区，助力不同学生逐步达成直观动作思维—具体形象思维—抽象逻辑思维三种层次的思维水平。

幼小衔接是一种教育行动，精准地接上断点、连上断层、补上断面，实现发展水平、学习方式、非智力因素和思维水平等方面贯通教育，确保不让一个孩子掉队，让每个孩子都能得到适合的发展，是教育的本质和初心。

参考文献：

［1］"福建省幼儿园教师教育用书"编写委员会.领域活动指导.大班.下册.［M］.福州：福建人民出版社，2018.

［2］人民教育出版社课程教材研究所，小学数学课程教材研究开发中心，义务教育教科书教师教学用书.数学一年级上册［M］.北京：人民教育出版社，2022.

［本文系福建省教育科学"十四五"规划2023年度"协同创新"专项课题"核心素养导向下小学数学主题活动教学实践研究"（闽教科规〔2023〕46号，题编号：Fjxczx23—281）的研究成果］

第二篇

小学数学自主发展的

策略与方法

小学数学主题学习实施策略

一、文化式主题学习，带着学生去"挖矿"

小学数学各个领域教材内容总是在文化传承中发展，在原有教材体系的基础上修订，其知识、方法、技能、思想产生的源头和背景离不开以上两个方面。在今天的教学，我们可为此提供一种通过寻找数学知识和方法的源头，挖掘数学知识和方法的背景，把和某一数学知识和方法有关联的内容按照一定的主题加以整合成知识群，学生在知识群中进行学习，就如在挖掘一口水井，心中充满着期待，这样就能保持旺盛的求知欲和学习兴趣。

例如，在教学五年级下册"平行四边形的面积"一课，学生对利用转化思想有了初步的了解，即把新问题转化为旧办法，再利用旧知识推导新知识。这时如果教师因势利导，可以"转化"为主题设计一期主题学习，第一课时，曹冲称象的故事。让学生讨论从数学的角度来看，曹冲"转化"转了什么？把大件转化成小件，把无法称转化为可以称，关键是找到转化的载体"船"及其平衡线，从物理学角度来说，其实就是把大象的重量（力）转化为水的浮力，实现等量代换，从而把不可能转化为可能。这一课时点燃学生的热情。第二课时，数学上"转化"事例。除了平行四边形的学习外，本单元三角形和梯形的面积公式推导，以前的小数加减法、异分母分数加减法，以及后续的圆柱和圆锥的体积公式推导等，都属于建构数学知识体系常用的思想方法。第三课时，探索转化的应用案例。如怎样测量一张A4纸的厚度？学生通过讨论，设计出解决问题的方案：取一包A4纸（500张），用直尺量出500张纸的总厚度，再除以500，就能轻松得出每张A4纸的厚度。从传统文化传承中发现数学知识、方法、思想的因子，驱动学生探寻产生的源头、背景，就如带着学生一起去"挖矿"。

二、拓展式主题学习，带着学生去"遨游"

一年级的小朋友积累的知识和经验是不多的，一位教师在教学完"认识人民币"后，发现学生对面额较小的纸币或硬币感到陌生，主要原因是现在普遍采用电子支付，再加上小面额的纸币或硬币用得少，因此学生这方面的经验明显不足。为此，该教师安排了三个课时的"快乐购物"数学主题学习活动。第一课时，安排"小调查"，主要任务有两个：一是调查人民币都有哪些？二是了解一两种外国货币。第二课时，安排"快乐购物"，主要活动有三个环节，一是"边猜边数"所有的人民币面额一共多少钱？学生一边从纸箱中摸出纸币，一边累加起来，发现一共是188元8角8分；再安排"跳蚤市场"，学生把自己的用过的玩具、看过的绘本等，标上旧货单价和想要购买的同学进行交易。第三课时，教师安排一节"小网购"活动，每名学生在家和父母一起体验网购的全过程，让学生了解到网上商品从选择、下单、快递、取件、支付等全过程，感受时代的变化和进步。这节课以购物为大单元主题，从本币、外币调查入手，再参与"跳蚤市场"旧货交易，最后让学生陪父母网上购物。整个主题活动学习从课内拓展到课外，从人民拓展到外币，从现场购物拓展到网上购物，学生对人民币的认识拓展到对货币的认识，对商品交易的认识拓展到旧货交易和线上交易，从数学的钱"够不够""如何找零"的数量关系，拓展和"购物"有关联的跨学科的要素和载体。

三、进阶式主题学习，带着学生去"攀登"

小学数学教材的教学历来有两条主线：一条是知识技能明线，一条是思想方法暗线，其实，如果把学生也考虑进去，还有一条就是同步关注核心素养发展的金线。知识技能是载体，思想方法于其中获得必然的感悟，核心素养于其中获得相应的发展。因此，同一领域、同一种类的知识分学段进行编排，螺旋式上升。数与代数、图形与几何、统计与概率这三大领域在教材分册和分单元中获得体现，这方面的教学的研究与探索也比较多，而综合与实践领域或教材中的拓展部分这方面的现成内容有限，可供借鉴的案例较少，教师这方面的涉猎较少，而这个领域又是发展学生核心素养的重要载体，教师要以小学为整体对各年级的知识技能、思想方法和核心素养进行梳理，还要对本单元的大主题、大概念、大任务进行提炼，从而分解出可操作的低、中、高三个阶段的主题学习学业要求，再结合课标和教材的要求开发出进阶式主题学习系列课程。

例如，关于图形的认识与测量这一内容，可以按照三条主线整理如下，再推出以"身边的纸盒"为主题，分低、中、高三级进阶式学习课程，低年级开设"纸盒小调查"，重点收集各式各样的纸盒，目的是让学生认识长方体、正方体、圆柱体等立体图形，形成立体图形的表象，并且能把实物和图形建立联系，培养初步的几何直观和空间观念。中年级开设"纸盒小测量"，重点测量长方体和正方体纸盒的棱长，厘清长方体和正方体棱长的数量、长度及其关系，底面和侧面的位置关系，形成相应的几何直观和空间观念。高年级开设"纸盒小制作"，拿一张A4纸，画出纸盒平面图，再制作成纸盒。目的经历纸盒的制作过程，体会平面图和立体图之间的关系，丰富学生的几何直观和空间观念。这种以长方体和正方体为大主题，由低到高设计既是知识水平的进阶式，更是学生解决问题能力的"攀登"，学生的学习由浅入深、由表及里，学生的空间观念由初步形成到完全建立，在年级的升高中逐步得到系统增强。

四、实践式主题学习，带着学生去"放飞"

小学数学十分重视实践活动，既体现了数学源于生活，也体现了数学用于生活的理念。实践式主题学习，本质上是一种问题解决的活动。教师通过问题引领、学生全程参与、实践过程相对完整的学习活动，是积累数学活动经验，培养学生应用意识和创新意识的重要载体。

例如，教学五年级下册"长方体和正方体"后，可以安排一课时的实践式主题活动。

活动任务：制作一个暖水壶的包装盒（高19 cm，直径6 cm）。

活动准备：根据以上数据，准备一张合适的长方形的硬纸皮。

（温馨提示：可以选几个不同的包装盒，拆开来分析分析，为什么这样制作？）。

活动要求：画好包装盒的展开图，整块边沿一次裁好，尽量少浪费纸皮。只能在侧面黏合一处，其他边都不能黏合。选择最合适的底和盖，并说明理由。

　　活动评价：把暖水壶放入包装盒，看看是否合适？各同学比比看，谁制作的材料最节省？使用最方便最牢固？最美观？为什么？

　　从8组学生完成的作品看，各组基本会制作一个包装盒，1个组暖水壶装不下，不合格，原因是没预留黏合处，导致直径变小。1个组太松勉强合格，原因是尺寸偏大，不够节省。其余6组为合格。但在底和盖的选择有所不同，有4个组底和盖一样，都选择单开翻盖的样式。2个组上底选择单开翻盖的样式，下底选择"集卯"交叉固定样式。从测试情况来看，翻盖样式便于打开使用。如下底也采用翻盖样式，抖两下水壶就掉地上了。如果采用"集卯"交叉固定样式，怎么抖水壶都不会掉下来。这个跨学科主题实践活动告诉我们，在长方体和正方体的大主题框架下，学生既要掌握图形的认识与测量，又要通过平面图形与立体图形的转化，在绘制平面图和制作包装盒的实践中，借助几何直观，积累活动经验，完成空间观念的建立。还要在主题实践活动中借助跨学科的经验，根据实际需要科学合理选择底和盖的样式，在真实的情境中解决真问题，完成数学的真实和真实的数学相统一。

智慧课堂环境下精准教学的实施策略

自主学习本质上是将传统"先教后学"翻转为"先学后教",目的是培养学生的自主学习能力和习惯,这对学生可持续学习有很好的效果。当前,教学信息化不断推进,智慧课堂也开始进入校园,只有将学生的自主学习和智慧课堂无缝对接,把课上学习延伸到课前预习和课下拓展,才能将学情转化为教学资源,实现智慧课堂环境下的精准教学。

一、"课前预习+微课链接",实现精准预习

漳平实施"一案三导"("一案"指教师的导学案,用于指导学生进行预习;"三导"指教师根据学情在课堂上开展的"导学、导教、导练")的教学方式,其在智慧课堂应用中"预习先行站"功能模块分为"导学提纲""自学诊断""知识链接""我的困惑""心情指数"五个部分,目的在于帮助学生进行课前学习,让学生在预习过程中有能力解决的问题独立解决,培养学生自学能力和习惯的同时,不断创造学生的学习最近发展区。笔者发现有的预习内容有一点难度,但只要稍加提醒或点播,学生也能够独立解决。依靠现有的"导学提纲"功能中的问题提示很难给予学生实质性的点播帮助,"微课"和"微信群"却能很好地解决这一困扰。

例如,教学"三角形的特性"一课,学生感到最困难的莫过于"如何画出三角形的高",如果学生只是阅读教材中高的定义和例题,是很难理解"从三角形的一个顶点向对边作垂线,点到垂线之间的距离叫作高"的意思。为了帮助学生准确理解"高"的概念,笔者在"预习先行站"功能中精心制作"怎样画出三角形的高"微课,视频上呈现画三角形高的操作要领,并演示画不同底

边上的高的示例。再将此微课链接到"预习先行站"功能平台或直接生成二维码发到班级家长群中，学生可通过点击链接或扫描二维码进行观看学习。如此直观、动态、实用的微课，不仅让学生学会画三角形的高，而且对数学知识产生浓厚的学习兴趣。

二、"实时监控+现场互动"，实现精准施教

智慧课堂系统有很多功能，如现场拍照、录像、统计、抢答、计分、传输等，教师应充分利用这些功能来服务于教学，做到在传统教学与智慧课堂功能之间进行升级切换，提高课堂教学有效性。这就要求教师要充分利用系统的实时监控功能和数据支撑来实现师生之间、生生之间、生机之间的互动交流，实现精准施教。

例如，在教学"几分之一"一课，笔者设计了这样一个课堂活动：你能用一张正方形纸折出四分之一吗？在学生操作的时候，教师边巡视边拍照，将学生的操作结果上传至多媒体屏幕，让学生共同分享折纸的结果（如图2-1），在交流中发现不同的思维角度，体会到同样是一张纸的四分之一，会有多种不同的表征。可以看出，传统动手操作教学和智慧课堂的快速切换，改变原来线性顺序呈现为同屏同时呈现，实现对"四分之一"的精准施教。

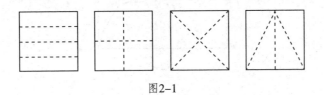

图2-1

又如，在一次"口算除法"的教学中，笔者利用抢答、随机挑人功能，将竞赛机制引入教学。课堂中笔者以小组为单位，采取积分制竞赛，提问以抢答的形式展开，答对即为该小组计分。学生参与抢答的积极性被充分调动起来，数学课堂的趣味性也得到充分发挥。

三、"当堂检测+即时反馈"，实现精准辅导

"一案三导"教学模式中"随堂快乐坊"是针对学生学习情况的"导练"

环节，内容包括"小试牛刀（基础性练习）""技高一筹（发展性练习）"和"勇攀高峰（拓展性练习）"三个层次。在传统教学中，了解学生完成练习的好坏对错、多种解法等只能通过学生黑板演示或发言进行交流，这些往往又受制于学生的主观能动性。智慧课堂的批阅、分析、演示、统计等功能能很好地克服这些问题，实现对学生学习情况进行精准的辅导。教师可以根据题目的难度系数和实时监控数据，在学生完成基础性练习和拓展性练习后，教师可以组织学生进行习题交流，对学生存在疑问的地方进行集中讲解。这样做有利于把时间用在精准辅导上，在大部分学生无法独立解决时，迅速变"先学后教"为"先教后学"。例如，图2-2中甲、乙的周长比较。①乙长；②甲长；③一样长。根据系统统计的结果，选择"乙长"的学生占大多数，这主要是学生受到乙图所占面积比甲图大的负迁移影响。教学中，为了帮助学生克服思维定式——"面积大的图形周长也较长"，笔者通过课件帮助学生理解为什么甲、乙周长是一样的，即长边一样长，宽边也一样长，可以排除比较，剩下的曲线是公共边也一样长。因此，甲、乙的周长是一样的。这种"做减法"的方法再配上课件演示，可以帮助学生轻松地理解周长的概念。

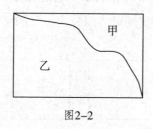

图2-2

四、"即时反馈+处理"，实现精准评价

随着教学改革的发展，教学反馈不再是教学行为的最终目的，其地位不仅一跃成为教学过程中的必要环节，更是成为教师及时修改和调整自己教学行为的重要依据。因此，即时有效的教学反馈对于课堂教学活动的顺利进行具有重要意义。

智慧课堂让"教师的教"和"学生的学"并驾齐驱。教师可在课堂发布随堂测验，使用智慧课堂的精品题库来组建题目进行测验，同时智慧课堂也支持教师编制的试题文件来组建测验。支持一键截取内容来布置问题。一键发布，可以即时收到学生答题的情况，教师可以更及时地了解每一名学生对知识点的掌握情况，做到有的放矢，因材施教。

同时，教师可以利用智慧课堂的"截屏提问"功能即时捕捉学生的学情反馈，进而调整教学行为达到高效课堂。首先，利用截屏提问功能将题目推送至学生的平板计算机，同时教师还可以设置倒计时，规范学生答题时间，养成良好作答习惯。学生作答完成后通过移动终端提交答案，教师通过数据后的统计可看到学生的作答情况，再根据共性错题进行讲解。"测试+即时反馈"的功能，可以帮助教师快速了解每名学生对知识的掌握情况，并根据学生的答题反馈及时调整自己的授课策略，这是在传统课堂中很难做到的。通过这样的技术手段，改善了传统课堂的缺点，相当程度上也提高了课堂教学的效率。

核心素养视域下小学生推理意识的培养策略

——以"三角形的内角和"教学为例

史宁中教授指出，数学教学中的核心素养，是指具有数学基本特征的、适应个人终身发展和社会发展需要的人的思维品质与关键能力，主要包括数学抽象、逻辑推理、数学模型。《义务教育数学课程标准（2022年版）》把学生推理意识列为小学阶段核心素养的主要表现内容。可以说，没有推理就没有数学，推理意识培养成为学生数学知识体系构建的重要基石。

对小学生数学学习的"推理意识"培养要求为：从事实和命题出发，推出其他命题或结论；通过归纳或类比，猜想或发现结论；通过法则运用，体验数学从一般到特殊的论证过程。数学教学需使学生会用数学的眼光观察现实世界，会用数学的思维思考现实世界，会用数学的语言表达现实世界，从引发推理欲望、给予推理支持、养成推理好习惯三方面入手，积极促进学生形成推理意识。具体教学策略为营造"可猜想"的场景，释放推理引力场；绘制"看得见"的脑图，搭设推理快车道；形成"讲道理"的意识，培养推理好习惯。

一、营造"可猜想"的场景，释放推理引力场

推理意识主要是指对逻辑推理过程及其意义的初步感知。数学活动中，由已知条件推出未知条件，利用数学法则进行数学计算，对数学问题恰当的解释等都是推理的表现。小学数学教学中，教师须关注学生数字运算、问题解释及获得答案等活动，注重数学公式、原理、法则的应用，但这只是培养推理意识的一个方面。另一方面，数学公式、原理、法则等为什么产生或如何产生的

思维活动，对学生推理意识的触发和培养同样重要且不可忽略。纵观数学的发展史，可以发现，不少著名的猜想被证明或证伪，不断推动着数学的发展。猜想，指的是一些未被证明或证伪的命题，也叫假设。它不同于普通的问题，而是基于一些事实、经验的合情推理，是一种很有价值的数学"假设"，常常吸引人们产生浓厚的兴趣，成为人们对其进行证明的引力场。教学中要求学生产生和形成推理意识，需营造"可猜想"的场景，让学生在观察与探究中发现其中的矛盾性、可能性、关联性，从而激发探索兴趣，再根据自己的知识、经验和能力提出"猜想"，也就是提出问题。这也是重视创设数学情境，培养学生的问题意识，重视以问题为纽带的教学，可有效提升学生推理意识。

例如，关于"三角形内角和"的教学，组织如下活动步骤：

第一步，动手：呈现3个任意三角形，要求学生分别量出每个三角形内角的度数，再把内角加起来，得出3个三角形的内角和度数。

第二步，讨论：比较3个三角形的内角和，说说三角形内角和的特点。

第三步，验证：再呈现2个任意三角形，动手量出内角，加出内角和，印证"三角形的内角和是180°"猜想的正确性。

活动的第一、二个步骤中，学生会产生"三角形内角和是180°"的猜想。借助量角法获得三角形的内角和，是从特殊例子中发现一般的现象，属于不完全归纳，得出的结论可能具有一般性，也可能只是一个特例。但这种作为具有一般性的现象，往往是通往一般性结论的重要方向或显性特征。从特例或实践中发现的一般性现象，虽然不能作为一般性结论，却可作为数学的一个猜想，可引导学生进一步讨论、验证其真伪。最后还可以有第四个步骤"你知道吗？"，介绍数学中的著名的几个猜想对数学发展的贡献，让学生从小埋下推理意识和科学精神的种子。

二、绘制"看得见"的脑图，搭设推理快车道

思维可视化是指运用一系列图示技术把本来不可视的思维（包括思考方法和思考路径）呈现出来，使其清晰可见的过程。这种基于信息加工理论的方法，将人的思维加以暴露或还原，使得原本隐性的思维过程，获得一定程度的展现。教学活动中的"可视"，是学生对学习内容和过程可见，从而成为自己

的教师——这是终身学习或自我调节的核心属性。随着脑科学的发展和信息技术时代的到来，这一观点和研究成果得到广泛的认同和应用，如网络或办公软件中各种自带的思维导图、流程图、结构图、概念图等。可视化成为提升学生推理意识培养的重要策略。教学中，学生自主绘制反映数学推理的方法、结构、过程的脑图，内隐的推理外显化，推理的过程、方法、特点和水平就"看得见""摸得着""量得到"。学生绘制"看得见"的脑图，推理思维的输入、加工、反馈，以及调整、修正、提升，可得到有效表现，教师的介入、指导、帮助更加精准和有效，学生的推理意识培养活动进入快车道。

如关于三角形的内角和的验证，传统教学一般采用剪拼法（或折拼法）：取任意的1个三角形，先剪下它的3个内角；再对准一点就可以拼成一个平角。如果用形式逻辑的三段论来分析，大前提：任何平角都是180°；小前提：通过剪拼或折拼的办法，只要是三角形，它的3个内角都能拼成一个平角，也就是180°；结论：三角形的内角和是180°。这是典型的逻辑推理法。

如果不用剪（折）拼法，也可以直接推理（如图2-3①所示）。第一步，先证明直角三角形的内角和。用两个相同的直角三角形可以拼成一个长方形，长方形的内角和：90°×4=360°，可得出每个直角三角形的内角和是360°÷2=180°（结论）。第二步，再证明任意三角形的内角和。在任意一个三角形上折（画）出一条高，高的两边是两个直角三角形。第三步，根据上面的结论，这两个直角三角形的内角和是：180°+180°=360°，用360°-180°=180°（因画高线的垂足处而多出两个直角），可以推出三角形的内角和是180°（推论）。以上方法和过程可以让学生用脑图把推理过程表示出来（如图2-3②所示）：

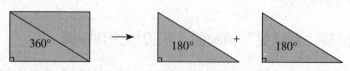

结论：任意一个直角三角形的内角和是180°

图2-3 ①

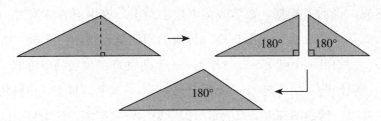

推论：任意一个三角形的内角和是180°

图2-3　②

从小学生思维特点来看，可用量角器测量，但属于直观动作思维，不作为重点活动的方法；用剪（折）拼法借助实物这个思维支架帮助理解，体现直观形象思维向抽象逻辑思维过渡的特点，是教材重点介绍的活动方法。而用推理方法，借助"高"这条辅助线分出两个直角三角形，在直角三角形和长方形进行"合—分—合"、在任意三角形和直角三角形之间进行"分—合—分"的转化，学生通过"跳一跳"实现"摘桃子"，实现形象思维与抽象思维的融合。借助思维导图进行合理的联想与推理的活动，让思维的方法和过程可视化，按"直观动作思维—具体形象思维—抽象逻辑思维"的顺序跃升，学生思维的深刻性和创造性得到释放，打通推理意识培养的低、中、高阶思维通道。

三、形成"讲道理"的意识，培养推理好习惯

数学教学要帮助小学生养成讲道理、有条理的思维习惯。数学的"理"是对现实世界的抽象，对数学世界的推理，还是数学应用的模型，"理"是数学的根，更是数学的魂。因此，数学有理科之母的美誉，数学中定理、法则、算理、公式等知识的产生、发展、应用都蕴含着本质的"真"、内在的"理"。数学课要培养学生爱讲理、会讲理、善讲理，讲道理即是新课标要求的"会用数学的语言表达现实世界"。小学生正处在推理意识的萌芽和生长阶段，教学活动中学生既要能依托具体的情境、直观的演示、形象的事物理解数学内容，更要懂得去粗取精、由表及里、去伪存真，对其中的数量关系和空间形式进行数学表达，把数学的"理"讲明、讲白、讲透，增强有根据、有条理、有逻辑的表达习惯，使讲道理成为学生数学学习的关键能力。日常教学须促使学生养成讲道理的习惯：

首先，说话有根据。数学表达本质上是由一连串问答链组成，内容上由"是什么""为什么""怎么样"构成的问题链，再由一连串"因为……所以……""如果……就……""根据……"等关联词构成的应答链。教学中可设置专项说理题，如：把1个三角形分成3个小三角形，每个三角形的内角和是60°。对吗？请说明理由。有的学生因受思维定式影响，认为是对的。有的学生知道是错的，但不懂得如何表达。这时候让学生"讲道理"，学生表达时需找到根据并用好根据，从而认识到三角形的内角和是三角形的本质特征，和三角形的种类、大小、数量、材料等非本质属性无关。

其次，表达有条理。从词义看，有条理就是有秩序、有层次。训练学生表达有条理，平时可要求学生学会用序词表达观点或步骤，如"首先""其次""最后"，或直接用上"第一步""第二步""第三步"等词语。例如，采用折拼法证明三角形内角和时，可以这样表达：

第一步，取一个任意的三角形；第二步，找出一个内角两边的中点，以中点连线向下对折；第三步，把另外两个内角向第一个内角顶点方向对折，使三个内角的顶点对准同一个点；第四步，观察这3个内角，你有什么新的发现？

最后，用语要精准。数学表达不同于一般的表达，除了论证时要有根有据、有条有理外，在陈述某个观点、现象、过程、方法以及支持观点的相关证据、理由、条件、范围等，所使用的语言要精准，达到严密、准确、简洁。否则，论证过程及所论证的结论可能不准确或产生歧义，甚至发生错误。例如，教学三角形内角和时，一位教师从两副三角板的内角和引入：

教师呈现两副教学用的直角三角板，学生计算内角和：$90°+45°+45°=180°$；$90°+60°+30°=180°$。

教师：你们发现了什么？

学生：我发现三角形的内角和是180°。

教师：这样表达准确吗？

学生：直角三角形的内角和是180°。

教师摇头。让学生再一次思考、讨论。

学生：直角三角形的内角和可能是180°。

教师：为什么要这样表述？

学生：我们只测量了两个直角三角形的内角和，不能代表所有的直角三角形的内角和都是180°。

如此，学生表达经历从不准确到准确，从不严密到严密的推理全过程，不但获得了真知，发展了能力，还形成了严谨的表达习惯。

推理意识虽然只是对逻辑推理过程及其意义的初步感知，却是今后形成推理能力的基础，对学生的思维发展至关重要。落实新课标精神，需有针对性的积极教学策略，设置"可猜想"情境、运用"看得见"的脑图及形成"讲道理"的意识，以摒弃推理意识培养的偏误，有效促进学生推理意识的发展。

参考文献：

［1］史宁中.学科核心素养的培养与教学：以数学学科核心素养的培养为例［J］.中小学管理，2017（1）：35–37.

［2］中华人民共和国教育部.义务教育数学课程标准（2022年版）［M］.北京：北京师范大学出版社，2022.

［3］郑葳，刘月霞.深度学习：基于核心素养的教学改进［J］.教育研究，2018（11）：56–60.

［4］吕传汉，汪秉彝.论中小学"数学情境与提出问题"的教学［J］.数学教育学报，2006（2）：74–79.

［5］刘濯源.基于"未来课堂"的思维可视化研究［J］.中国信息技术教育，2013（1）：83–84.

［6］约翰·哈蒂.可见的学习：最大限度地促进学习［M］.金莺莲，洪超，斐新宁，译.北京：教育科学出版社，2015.

培养小学生认真倾听的两种策略

当前的课堂屡屡出现这样的现象：教师提出一个问题之后，学生踊跃举手发言，但当教师请学生发言时，却答非所问或重复其他学生的答案；小组合作交流时，只顾发言，不愿倾听，各说各话……这些现象说明了一些课堂表面上热热闹闹，而实际上收效甚微。一个重要的原因是学生上课没有做到"认真听讲"，师生之间、生生之间并未形成实质的双向交流。教学是师生积极参与、交往互动，共同发展的过程，在这个过程中如何让学生"认真倾听"，并与其他的学习方式一起服务于学生的学习和发展呢？下面谈两点做法。

一、让"认真讲"成为一种教风

针对当前课堂上出现的种种"不认真听讲"的现象，究其原因，笔者认为不外乎两点：教师因素和学生因素。和教师有关的因素又有着不同的表征：教师教学准备不充分、教学要求不明确、教学语言不简洁、教学机智不足、师生关系紧张等。无论哪一种情形都足以导致学生无法做到"认真听讲"。因此，教师首先要努力提升自身的专业素养和教学水平。为什么评优课、公开课绝大部分都是教学精品呢？原因就在于这些课都是经过多轮打磨的，汇聚了教学团队和教师个人的努力。如果每一节课教师都能认真钻研教材、教法和学法，对课堂上学生可能生成的新情况和新问题进行预设，思考相应的解决问题的办法，备好教学预案。在课堂上就不会出现要求不明确、讲解不得要领、突发情况手足无措等现象。如笔者曾参与指导一节数学评优课《1000以内数的认识》（人教版二年级数学下册）。这节课采用小组合作学习的形式，将全班分成8个学习小组。每个小组各有小棒一百几十几根，全班共一千根。上课时先由每个小组数出小棒放在标有"个""十""百"的盒子里，再由小组长依次将各小组的小棒汇总到讲台前标有"个""十""百"三个大盒子里，最后在教师的引导下，师生共同完成所有小棒的整理：将个位上的小棒每十根捆成一小捆，放到标"十"的盒子里，10个小捆围成一大捆，放到标"百"的盒子里，10个大捆捆成一特大捆，怎么办？再添一个新盒子放进去，标上"千"。从而形成"一而十、十而百、百而千"的十进位关系，认识了新的计数单位"千"。课上得还顺利，但在之后学生数数过程中，从九百九十六数到一千时，拐弯处出现了卡壳。针对这一问题，第二次试上时，我们把数1000根小棒调整为数996根，在师生共同完成996根小棒的整理后，教师追问：现在老师往个位的盒子里依次添加小棒，大家一起来数一数。以下是教学片段：

生：997，998，999。

师：再添加1根，现在盒子里一共有几根小棒？

生：1000根。

师：现在个位上的小棒怎样了？

生：满十了，要向前一位进一。

随后师生共同完成从个位到千位依次满十进一的操作过程。新方案在前方案的基础上较成功地处理了从996到1000拐弯处的数数问题，同时丰富了学生对个、十、百、千相邻计数单位之间的十进位关系的体验。教师在课前抓住知识"生长点"和"延伸点"进行有效预设，在教学重点、难点和关键处点拨到位，注重对教学成败得失的反思和调整，把每节课的教学知识置于整体知识的体累中，充分利用各种学习方式的互补和依存关系，完成新知的建构和基本活动经验的积累，收到了令人满意的教学效果。

"亲其师，信其道。"教师只有在课前认真备教材、备教法（学法）、备学生，在课堂上始终关注学生的表现。根据学生的实际及时，灵活地调整教学方案和进程，才能为学生创造出"认真听"的前提和条件，用教者的智慧和努力赢得学生的尊重和信赖。因此，"认真讲"应当成为每一位教师的必修课，成为每一所学校都崇尚的教学风气。

二、让"认真听"成为一种学风

导致学生"不认真听讲"的另外一个重要因素是学生自身的原因。研究表明，由于小学生的年龄较小，他们的有意注意力比较薄弱，即使是五、六年级的学生，有意注意力也只能维持15~20分钟，且能维持这么长时间的学生也只有50%。现在大多数学生都以自我为中心，没耐心听完别人发言，同时他们又具有好动、自控力差、容易开小差等特点，导致听讲效率较低。因此，教师应正确看待学生的年龄特征对学生"认真听讲"的影响，遵循小学生注意力分配的客观规律，在教学流程和学习方式的安排上注意动、静结合，有计划、有步骤地培养学生认真倾听的习惯，让"认真听"成为一种学习风气。

教师在课堂上要求学生认真听课，可到底怎样才算"认真听"呢？教师应当对学生提出一个具体、可操作、明细化的要求。为了促进学生倾听能力的提高和倾听习惯的养成，笔者明确提出了对照"六心"认真听，开展争"六星"比赛（见表2-1）。每个星期小组成员互评一次，做到一"心"奖一颗"★"，获得六颗★即为周冠军，获得四个周冠军则被评为月冠军。

表2-1

★静心	静听发言	
★专心	关注发音	
★耐心	听完发言	
★细心	审视发言	
★用心	思考发言	
★虚心	感悟发言	

积极的评价能让学生品尝到成功的喜悦。教师对学生在课堂上认真倾听时的积极表现给予肯定和表扬无疑是良好习惯养成的催化剂。如一位教师执教人教版五年级数学下册《圆的认识》一课中，在认识了半径和直径的概念后，教师让学生猜想圆的直径和半径有什么关系？为什么？现将该教学片段呈现如下：

生1：我认为直径是半径的2倍。我通过测量圆的直径是4厘米，半径是2厘米，所以我想圆的直径是半径的2倍。

师：你的发现很有道理，你很用心思考。

生2：我认为圆的直径是半径的2倍。我任意拿一个圆形纸片，通过对折，再对折就知道圆的直径是半径的2倍。

师：你能用对折的方法证明任意圆的直径是平径的2倍，非常有说服力。

生3：我认为还可以说圆的半径是直径的二分之一。

师：这个学生能换个角度来表达，思路更开阔了。

生4：老师，我认为应该说清楚在同一个圆中，直径是半径的2倍，即半径是直径的 $\frac{1}{2}$。像大圆的直径就不只是小圆的半径的2倍。

师：你真棒，很认真倾听同学的发言，所以你发现了他们结论中的漏洞，并用严谨的语言表达出来。老师发现你做起事来像一个科学家。

……

这种建立在动手操作、自主探究与合作交流基础上的交流，在教师的引导和鼓励下，学生注意力高度集中，小手高高举起，竖起耳朵认真倾听教师的讲解和同学的发言，并能在师生之间、生生之间的交往互动中，在不断完善认知的过程中，养成相互尊重发言，彼此认真倾听的良好习惯，而当这种习惯成为全班的共识时，一种良好的学风也就形成了。

在平时的课堂上，"认真倾听"是说起来容易，做起来难的事，但却是一种不可或缺的学习习惯。一种重要的学习方式。要培养学生认真听讲的良好习惯.还需要教师放下"架子"，把自己看成是学生学习的参与者，认真倾听所有学生的发言，尊重每一名学生的发言。用一双善于发现的眼睛捕捉他们的进步，让学生们享受成功的喜悦，促使他们更快的进步。

小学生应用意识培养的认知误区与策略

一、小学生应用意识培养的认知误区

应用意识是一种重要的数学素养，是培养学生"实践创新"核心素养的重要方面。小学生只有形成一定的数学应用意识，才能逐步将知识和能力转化成数学素养。但在实际教学中，教师常常出现一些认知误区，影响了小学生应用意识培养目标的落实。

误区之一：混淆了应用意识培养的分阶段目标，导致了培养目标"失准"。如，关于图形面积的测量问题，教师教学时偏重图形面积的计算，注重数方格与面积计算的关系，忽略了数方格对面积估测能力发展的影响。缺乏从数"整方格及半格的直线封闭图"，到数"含不满1格的直线封闭图形"，再到数"含不满1格的曲线封闭图形"等阶段来培养学生的估测意识和估测能力，从而导致了培养目标"失准"。

误区之二：忽略了应用意识培养的全方位目标，导致培养目标"失衡"。不少教师认为，应用意识要在"应用"中培养，因此，特别注重解决实际问题。其实，数学应用意识是一种用数学的眼光，从数学的角度观察、分析周围生活中问题的积极心理倾向和思维反应。既要关注数学问题生活化，又要关注生活情境数学化。因此，只在"应用"中培养是不完整.不均衡的。

误区之三：割裂了应用意识培养的整体性目标，导致了培养方法"失策"。如，人教版二年级下册"克和千克"中，如果单纯将教学目标定位为：认识克和千克，理解克和千克的关系，而忽略了应用意识培养是基于"现实情境"中"三位一体"的目标，即为什么要学质量单位（现实背景）？质量单位是怎么回事（活动体验或推理）？质量单位用在什么地方（学以致用）？学生就很难建立起整体的质量观念。

二、小学生应用意识培养的策略

（一）着眼系统培养，促进应用意识逐渐形成

应用意识的培养不是一两个年级的事，是贯穿数学教育的始终，是一个循序渐进、逐步提升的系统工程。下面以第一个目标"问题解决"为例。

1~3年级：能在教师的指导下，从日常生活中发现和提出简单的数学问题，并尝试解决。

3~6年级：尝试从日常生活中发现并提出简单的数学问题，并运用一些知识加以解决。

以上可以看出，对学生应用意识的培养要求是有差别的。

"误区一"中所述，关于图形面积的估测意识和估测能力的培养策略应当遵循以下步骤：形成面积和面积单位的观念—规则图形面积的估测与计算—不规则图形面积的估测与计算。具体地说，当学生建立起$1\ cm^2$、$1\ dm^2$、$1\ m^2$的概念后，关于面积的教学应当有两条主线：一条是面积的精确计算；另一条则是面积的估测计算。以数方格为基本方法，依次出现数：整格、半格、不满1格（直线封闭图形，规则的，可割补，也可不满1格按半格计算）、不满1格（曲线封闭图形，不规则的，如树叶的面积等，可按半格计算，也可看成近似的简单图形计算）等。明确培养图形测量的目标、方向和步骤，促进学生逐渐形成较为系统的数学应用意识。

（二）着手双向培养，促进应用意识完整形成

小学数学每一个领域的内容都是培养学生数学应用意识的重要载体，在教学中要注意全面覆盖，全程培养，防止出现习以为常或厚此薄彼。要紧紧把握"生活情境数学化"和"数学问题生活化"这两个关键点，让学生懂得数学知识从"哪里来"要到"哪里去"，真正体会数学的价值，促进应用意识链条完整形成。

例如，"平均数"（人教版四年级下册）一课，一位教师这样导入：

1. 出示红领巾环保志愿者活动画面。

师：这是红领巾环保志愿者捡废弃矿泉水瓶的场面。

2. 出示第一组和第二组捡的矿泉水瓶个数。

第一组：

表2-2

姓名	小吴	茹玉	小何	炜炜
成绩/个	12	5	5	6

第二组：

表2-3

姓名	小达	凯程	小睿	小欣	雨桐
成绩/个	8	7	6	4	5

师：先观察，你觉得哪一组更厉害，如果你是辅导员老师。准备把奖状发给哪一组？

生1：给小吴，因为小吴捡得个数最多。

生2：奖状是发给整个小组的，不是发给个人的。小吴一个人不能代表整个小组的整体水平。

生3：我觉得可以看总数。第二组共捡了30个泉水瓶，而第一组只捡了28个，应该奖给第二组。

师：还有其他意见吗？

生4：我不同意。因为两个小组的人数不一样多，第二小组人多1人。

师：既然用总数不能比出胜负，用个别人的成绩也代表不了整个组，那奖状该发给谁呢？

……

在学生激烈讨论时，教师适时引出了平均数的概念，开启新的统计量"平均数"的学习。随后，教师不只让学生解决类似"平均身高""平均体重""平均成绩"等平均数应用题，而是别出心裁地出了一道说理题——"一条小河的平均水深是110 cm，冬冬的身高是140 cm，冬冬下河游泳会有危险吗？"让学生用平均数知识对这一现象进行解释。

平均数是表示统计对象的一般水平，用以描述数据的集中程度的一个统计量。教师把这样一个抽象的、枯燥的数学概念，巧妙地安在学生熟悉的"红领巾志愿者"活动的背景下，通过两组数据的对比引发学生的认知冲突，引入新课的学习。最后，学生利用平均数的意义对"冬冬下河游泳会有危险吗？"进行说理，进一步巩固深化了学生对平均数统计意义的理解。整个教学片段较好地诠释了"数学问题生活化"和"生活情境数学化"，双向培养让学生真正体会到数学的价值。

（三）着力综合培养，促进应用意识立体形成

培养学生的应用意识要求教师要善于发掘数学知识的现实背景和来龙去脉，让学生从"爱数学""玩数学""做数学""用数学"的角度不断地完成认知的建构、解构、重构，再建构、解构……体会数学知识"从哪里来"，"到哪里去"，会用在"什么地方"，在生活中遇到类似问题时，尝试用数学的知识去解释，用数学的方法去解决，逐渐培养学生对数学的兴趣，最终将数学意识内化为数学素养。因此，数学应用意识的培养是一种全方位的、全天候、全过程的培养，是一种立体的、综合的培养。

例如，"克和千克"（人教版二年级下册）的教学片段。

1. 看一看。

出示图片：口香糖3克，菊花茶12克，美味瓜子100克。

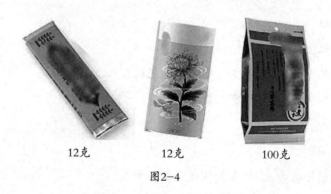

12克　　　　　12克　　　　　100克

图2-4

师：这些物品都比较轻。计量时，比较轻的物体我们通常用克作单位。克可以用字母"g"表示。

2. 猜一猜。

师：猜一猜这枚2分硬币的质量是多少？

师：你有什么办法知道硬币的质量？

3. 称一称。

师：现在我们来具体地认识这位新朋友。（介绍天平的使用方法）

师：接下来我们就用天平称这枝硬币的质量。（演示：称一称2分硬币）

4. 掂一掂。

师：2分硬币有多重？请掂一下并说出你的感觉。

生1：很轻很轻。

生2：手里像没有东西一样，非常轻。

5. 想一想。

想一想1克的黄豆大约有几粒？

6. 称一称。

师：到底是几粒呢？有什么办法知道？

师：谁来说说1克黄豆有多少粒？那几粒黄豆是1克呢？

小结：看来1克的黄豆有6到7粒。6到7粒黄豆就是1克。

拓展：那2克黄豆有几粒呢？3克黄豆又有几粒呢？

7. 估一估。

师：再猜一猜1克花生米大约有几粒？

生1：2粒。

生2：3粒。

师：猜的个数要比7粒少，你是怎么想的？

师：那1克的瓜子大约有几粒？

生1：9粒。

生2：10粒。

师：猜的个数比7粒多，你是怎么想的？

8. 说一说。

师：生活中哪些物品比1克轻？

作为质量单位的起始课，课堂上教师提供充分的质量素材和体验活动，除了通过天平和台秤精确称出1克和1千克物品的质量外，学生还通过比较、验证和类推等方法，进一步认识和估测出其他常见物品（如1枚别针、1粒花生米、1

个苹果、1个鸡蛋等）的质量，既注意生活中常见的单个物品的质量，又注意几个小物品合起来的质量，还体会到1克的物品体积有大也有小。通过积累这些基本的活动经验，质量单位的观念深印在学生的脑海中，水到渠成地促进学生的应用意识立体形成。

总之，当前教学中出现的小学生数学应用意识培养的"失准""失衡""失策"等现象，归根结底，是学生"数学的眼光""数学地思考""数学地解决"的数学观的培养出现缺位，也是学生从小对"数学有趣""数学好玩""数学好用"体会不深造成的。这是当下数学课堂应当反思和改进的地方。

参考文献：

［1］马智.论初中数学教学的生活化［J］.长春教育学院学报，2013（1）.

［2］中华人民共和国教育部.义务教育数学课程标准（2011年版）［M］.
　　北京：北京师范大学出版社，2012.

小学数学复习课的现状与教学策略

　　就课型而言，小学数学课主要包括新授课、练习课、复习课和讲评课，其中新授课占比最重，教学所花时间最多，其他三种课型常被有些教师认为可有可无，在教学中不予以重视。如此长久下来，导致复习课形式单一、机械乏味，难以发挥其应有的作用。本文对小学数学复习课的现状进行分析，并提出相应的教学策略。

一、小学数学复习课的现状及分析

　　当前小学数学复习课表现出一些不容忽视的问题。其一，"题海式"复习课。此类复习课通过大量、机械、重复的题目，以期达到知识点能面面俱到、题题都练的目的，这样复习针对性不强、耗时费力、效果较差。其二，"讲练式"复习课。此类复习通过边讲边练、边练边指导，教师对习题的选择性、对学生的指导性较强，有一定效果，但这样的复习学生参与面不够、自主性较差。其三，"放任式"复习课。此类以自主复习的名义，完全放任学生自行整理、复习、练习，有困难再找教师。这种无目标、无针对性、无拓展的复习课两极分化严重，效果很差，也不受学生的欢迎。其四，"攻坚式"复习课。此类复习课没有面向全体学生、缺乏知识梳理和梯度练习，直接进行难题、拓展题教学，造成学习能力中下的学生"吃不了、请不动"。

　　究其原因，主要有以下三个方面。第一，观念因素。当前重新授课，轻复习课的现象较为普遍。认为新授课才是课，复习课不算课，这种观念从各种各样的评优课、研讨课比赛的安排表占比中可见一斑。第二，教材因素。虽然教材中每个单元安排了一节复习课，每一册安排了总复习课，但在实际落实课程计划时留给教师的操作性、自主性和配套练习等方面还有不足。第三，师生因素。课堂教学是师生交往互动的生成过程，如果师生长期缺少复习课教与学经验的积累和总结，这方面的资源也会相对稀缺，对复习课的结构和教学策略更谈不上探索与实践。

二、复习课的教学策略

基于以上原因，结合复习课教学实践和探索，笔者认为可采用以下三种教学策略。

1. 巧形变

在单元复习和期末总复习中，有一些知识虽说不是新知识，但却需要学生对同类知识积累到一定的程度，才能总结出其规律性，并建立一定的数学模型。这一类知识具有拓展性、延伸性和生长性，往往是问题解决和综合能力提升的关键所在，教师在进行此类复习课教学时要巧妙地利用现代信息技术，将"静态"的知识变成"动态"的知识，将单纯的文字题目转化成数形结合的演示。这样，学生的认知将更直观、更深刻、更准确。

如复习"四舍五入"的内容，有这样一道题：

一个整数四舍五入后约是10万，这个数最大是（   ），最小是
（   ）。

在大部分教师的眼中，这是学习中再普通不过的填空题了。事实上，学生对四舍五入知识的逆向思考题的解决是有难度的。

一位教师对这道题的复习课是这样教学的，用课件制作一个数轴，然后在数轴上展示一个小长方形，长方形的左右两条边可以伸缩移动。

教师提问：一个整数四舍五入后约是10万，这个数可能是几？

学生：9万多或10万多。

师：最小可以是几？

生：最小可以是95000。

教师将长方形左面的边移到95000，然后提问：最大呢？最大可以105000。

生：不对，应该104999。

教师将长方形右面的边拉到104999。

从以上教学可以看出，教师并不是孤立地教学这道题，而是在借助直观教学的基础上，巧妙地渗透了值域思想和集合思想，让学生充分理解"一个整数四舍五入后约是10万"，能符合这个条件的所有数的集合，以及两嘴的起点和终点边界数。

2. 重拓展

举一隅，不以三隅反，则不复也，比喻善于学习，能够由此及彼类推出很多事情。这是人们常见的一种思考方式，但作为一种复习策略，"举一反三"更多地表现在对原型题的拓展、延伸、变式。这种变式可以很好地克服知识禁锢和思维定式，培养学生思维的发散性、灵活性、创造性，提高学习效率和效果。

例如，在进行人数版三年级下册"面积的整理与复习"的教学时，某教师安排以下两道练习，引导学生利用迁移的办法实现举一反三的目的。

1. 奶奶用长24米的铁丝网围成一个长方形篱笆（接头处忽略不计，取整米数），有几种围法？这个篱笆的面积有多大？

2. 如果奶奶用长24米的铁丝网围成一边靠墙的长方形篱笆（接头处忽略不计，取整米数），怎样围面积最大？

这两道题有联系又有区别，第一题通过教师的提示，学生懂得了采用列表法和列举法，发现列举数字的规律，从而解决问题。第二题参照第一题的方法，也解决了问题。最后，通过分析、比较、归纳，学生明确求围成的篱笆面积的最大值这一类题目是有条件的，解决问题的方法不是普通的列式解答。学生感悟到在总长度固定的情况下，要求围成的长方形面积最大，则要让长方形的长和宽差距越小才行。而当一边靠墙时，围成的长方形中，如果长是宽的2倍，则面积最大。

3. 乐"奖赏"

"奖赏"是一种正强化，对学生答题有着积极正面的、有效的评价。考虑到学生的个体差异，这种"奖赏"评价，最好包括基础性、发展性和拓展性三个层次。在实际教学中可根据需要选择三种层次全覆盖或只覆盖其中一两个层次。通过复习检测，准确掌握学生对某类知识的掌握情况，进一步诊断教学效果，修正教学偏差，更在于发现不同层次学生的优点、亮点，当众褒奖、肯定进步，强化积极的学习情绪。

例如，在进行人教版五年级上册"简易方程"的复习时，某教师出示下面的小棒图，然后设置三个层次的问题，以激发学生的学习欲望，让不同层次的学生都能有所发展。

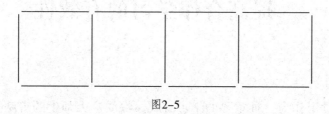

图2-5

1. 像这样摆下去，摆10个正方形需要（　　　）根小棒。

2. 像这样摆下去，摆n个正方形需要（　　　）根小棒。照这样计算，摆100个正方形需要（　　　）根小棒。

3. 像这样摆下去，如果有55根小棒，可以摆（　　　）个正方形。

第一题是基础性题目。学生即使找不到规律，也可以顺向思考，"依样画葫芦"得出结果。

第二题是发展性的。学生需要找出规律，并用含有字母的式子表示出来，再加以应用。这一层次之所以说是发展性的，是因为学生需要将规律概括成用字母表示的式子，是对规律现象的抽象概括（建模）和直接应用。

第三题是拓展性的。在学生完成规律的建模之后，还要完成规律的逆运用（有些是不可逆或有条件可逆的）和变式运用，在算法上就需要用逆向思考或方程来解决。这对大部分学生而言是极大的挑战，也是数学知识完整建构和融会贯通的必由之路。

提高合作学习的有效性

合作学习作为一种重要的学习方式，深受广大师生的青睐。不论是常规课，还是公开课，合作学习都牢牢占据着当今课堂教学的大舞台，成为名副其实的主流学习方式之一。但我们也经常发现，在小组合作学习中，个别学生经常出现不倾听、不分享、开小差、固执己见等不合作的现象，这些在合作过程中游离于团队之外的现象，逐渐成为影响合作学习效果的重要因素。那么，如何让学生从旁观者变成参与者，从而提高合作学习的有效性呢?

一、关注合作学习的生成状态

学生由于彼此地位平等、言语相容，两个主体之间的交往和对话是平等的，在合作学习过程中会出现不同的意见。甚至会争吵，这是正常的现象。这时教师要特别关注合作学习的生成状态，及时调整教学方案，善于化解矛盾和分歧，提高合作学习的有效性。如一位教师教学"三角形的意义"时，由于人教版的教材编排是先学习三角形的特征，再学习三角形的意义，教师考虑到学生可能受到三角形特征的影响，在回答"什么样的图形是三角形"时，课前估计学生的回答可能出现下面几种情况：①有三条边、三个角、三个顶点的图形叫作三角形；②由三条边、三个角组成的图形叫作三角形；③由三条边组成的图形叫作三角形；④由三条线段围成的图形叫作三角形。事实上，学生在课堂上的回答正如教师课前预料的一样。正当学生各抒己见时，教师并没有和盘托出结果，而是根据事先准备的教学预案，让学生到黑板上用磁性小棒围成一个三角形。教师假装不小心将三角形移开一个角，问：现在这个图形是三角形吗？学生马上回答：不是，因为这两条边没有连起来。教师在此基础上引导学生通过辨析，将三个角和三个顶点这两个非本质属性去伪存真，最终理解了"由三条线段围成的图形叫作三角形"这一数学概念。当然，随着合作学习的不断展开，课堂运行不断发生变化，很多状况并非事先可以预料得到的，教师要时刻关注合作学习时的生成状态，及时捕捉课堂的有效信息，适时调整教学，以适应合作学习日渐成为重要学习方式的需要。

二、建立激励合作学习的机制

在教学中，教师除了要建立民主和谐的师生关系，营造出生动、活泼的课堂氛围外，更重要的是要建立合作学习的激励机制，以保障合作学习全员参与、有序进行，提高合作学习的有效性。在合作学习过程中，有的学生本来有自己的想法却随大流，有的学生害怕被别人耻笑有疑问也不敢提出来，有的学生会故意捣乱，于是，互动交往和认知冲突的机会就园为学生掩盖自己真实的学习过程而错过，会因为秩序的缺失而无法进行。因此，必须制定一种激励机制，逐渐形成以敢于发表意见为荣，以讥笑他人错误为耻；以自觉维护活动秩序为荣，以妨碍活动开展为耻的合作风气。让每名学生都敢于展示自己的真实思维活动、探究过程，表达真切的情感。教学中，教师可采用即兴的口头表扬，但在小组合作学习中，为了规范合作学习，使学生养成大胆、踊跃、不惧说错的学习风气，教师应尽可能地采用长效的激励手段，像积分制、表扬栏、晋级制和拉力赛等方法，通过对小组、组员发表意见进行记录和表彰，促使学生始终维持一种踊跃向上的精神，保障合作学习的有序进行。

三、创设引发合作学习的情境

教学情境是学生掌握知识、形成能力、发展心理品质的环境，是沟通现实生活与数学学习，是具体问题与抽象概念之间的桥梁。因此，教师如果能创设引发合作学习的情境，相当于在学生与文本之间架起一座桥梁。如教学"三角形的特性——稳定性"这一课时，教师可创设一场比赛的情境：将全班学生分为红队和蓝队，再请两位选手分别代表他们拉动一个三角形框架或一个平行四边形框架，谁把框架拉变形（不能拉坏）谁就获胜。比赛结果肯定是拉动平行四边形的一队获胜，这时学生肯定会认为不公平，教师可就此引导总结出"三角形具有稳定性"，再联系生活中应用三角形稳定性的事例，使学生在游戏互动中体验到三角形的特性。

四、丰富实现合作学习的载体

合作学习所蕴含的内在教育规律要求教师必须具备较高的素质，努力提高自身的授学艺术，在教学实践中创造合作学习的教学载体，让合作学习有所依托，行之有效。合作学习的教学载体常见的有操作、讨论、互查、互评等。如教学"圆周率"这一概念时，教师可以让学生事先准备好三个圆形的物件，一条皮尺（或绳子、直尺）和一张记录卡。小组分工协作，依次测量出这三个圆形物件的周长和直径的长度，并计算出比值，从而归纳——"圆的周长总是直径的3倍多一些"这一规律。由于学生有实验操作这一互动载体，探究活动自始互终都有条不紊，小组成员分工协作、互动频繁。

关注合作学习，让学生始终保持积极的学习状态，可以提高小组合作学习的有效性，帮助学生建立起学习的自信心，培养协作精神，开发其内在潜能，也有利于学生主动性和创造性的发展，有利于学生人格和心理的健康成长。

走出误区，提高合作学习的有效性

一、合作学习的误区

当前，合作学习作为一种主流的学习方式得到了广大师生的喜爱，但我们也应注意到在合作学习中还存在不少问题，很多合作学习浮在表面、流于形式、缺乏实质性合作，主要有以下几种情形。

1."放羊式"合作：学生随意组合，任务不明确，合作缺乏秩序，学生彼此不会合作，难以形成合作的意识和能力。

2."拉郎配式"合作：前后桌开展合作是一种常见的方法。由于班级的座位通常按从矮到高的顺序排，这就可能导致小组之间差距较大，造成小组成员丧失信心或产生抵触心理，彼此之间不愿意合作，遇到矛盾冲突无法解决，更不能建设性地合作。

3."快餐式"合作：只讨论教师布置的话题，小组成员没有开展全方位的合作探究、交流。这种非常态的合作学习仅限部分内容的合作，学生之间彼此沟通较少。

4."跑龙套式"合作：很多教师上公开课的时候，会根据公开课"剧本"的需要，把全班同学临时凑成若干小组。这种临时混搭的合作学习没有固定的团队，小组成员间缺乏了解，难以形成默契，无法形成实质上的合作学习。

这些合作学习的怪象，实际上是教师对合作学习的意义缺乏认识，对学生开展合作学习缺乏指导造成的。那么，教师应该怎样做才能避免上述现象，提高合作学习的有效性呢？

二、提高合作学习有效性的方法

（一）培养乐于合作的团队

古人云："独学而无友，则孤陋而寡闻。"这句话意思是如果学习中缺乏学友之间的交流切磋，就必然会导致知识狭隘，见识短浅。当前小学课堂合作学习存在的一些乱象与班级规模普遍偏大、学生座位相对固定有直接的关系，或合作小组难以在一个比较长的时间里保持某种相对固定的位置关系，导致合作学习难以常态化地进行，或学生无法获得由合作学习所带来的互助、分享、共赢等体验，难以形成团队意识和集体观念。因此，要提高合作学习的有效性，培育出乐于合作的团队是一项现实的问题。

合作学习的独特性在于需要固定的几个人在较长的时间内才能形成有一定意义的合作关系和团队精神。因此，教师要着眼学生的发展，在某个周期（如一个学期）内，在学期初安排座位时就要综合考虑"异质分组""高矮性别"等因素，分出班级的学习小组，并由学生自己命名，选出一名学生担任组长，制定小组奋斗目标，约定彼此共同遵守的规则等。在此基础上，让学生明白只有团队水平提高了，才能在组与组的竞争中获胜。在组内开展"先进帮助后进"的互助学习，形成帮助他人就是帮助自己的合作共赢精神，在师生的认识层面为提高合作学习有效性奠定思想基础。合作小组成员由于目标一致且合作时间较长，在共同完成学习任务和共同参与活动的过程中慢慢地形成默契和友情，并在团结协作、合作交流中学会理解他人、尊重他人、体谅他人，形成乐于合作的团队。

（二）培养善于合作的习惯

良好的习惯对学生十分重要。一个乐于合作学习的团队一定具备善于合作学习的习惯，这是提高合作学习有效性的关键。影响学生合作学习习惯养成的因素有很多，归结起来主要有协作、交流、守纪三大因素，这些是成为决定合作学习成效的关键因素。

首先是协作它包括分工与合作两个方面。合作学习小组是一个有着共同的奋斗目标和学习任务的团队。在这个团队中，如何处理好组长与组员的关系，明确各自在活动中承担的职责和任务，处理好彼此之间的互助和合作等，这些是开展合作学习时每节课都必须面对的。教师要注意把这些事情作为一种习惯来培养，在每一天、每一节课、每一个具体的学习活动中，让小组同学在合作中发现矛盾、消除矛盾，在磨合中形成团队，慢慢养成协作的习惯。例如，教学"长方形和正方形的认识"一课，有一位教师是这样处理的：先让学生根据以往的知识经验猜一猜长方形和正方形有什么特点；再让小组合作验证不同的长方形和正方形的边和角的特点；最后进行全班汇报交流，归纳总结出长方形和正方形的特点。其中一个小组合作的效果最好。因为，这个小组的组长领到学习任务单后，并不是要求每个成员都做同样的事，而是进行适当的分工：一个负责用直尺"量一量"，一个负责用三角尺"比一比"，一个动手用长方形和正方形纸"折一折"，一个负责将验证结果经大家共同确认无疑后在相应的特点后面用画"√"的方式记录。在操作活动中，一位学生长方形的对边量出来不一样，其他三位同学帮他查找原因，发现这是量对边时0刻度线没对准长边的端点造成的。这样的小组合作既提高了学习效率，又培养了彼此协作的习惯。

其次是交流。它包括倾听与表达两方面。课堂上的交流既有师生互动，又有生生互动；既有组内交流，又有组际交流。但不管是什么对象的信息交流，倾听与表达是双向交流的一种重要的能力。因此，合作学习活动中，交流是开展深度合作学习的重要一环。如上例，尽管有相应的任务分工，但由于操作结果需要演示给小组同学看过后，经确认无误才能验证长方形和正方形某一项特点。其中有一名学生用三角尺在长方形纸上比较了四次，得出结论是"长方形有四个直角"。另一位学生把长方形纸先上下对折，再左右对折后说："这样做只比一次就够了。"其他三位同学都竖起大拇指为他"点赞"。另一名学生受此启发说："把正方形纸沿对角线对折再对折，也可以一次验证'正方形四条边都相等'。"浓厚的合作氛围，热烈的互动交流，小组成员彼此互相启发，引发头脑风暴，为全班的汇报交流准备了丰富的探究成果。

最后是守纪。它包括规则与秩序两方面。合作学习小组是一个小团队。这个小团队，尽管人数不多，但合作学习时间长，合作活动频繁，成员间个性并非完全互补。在这种情况下，小组成员间的意见相左、争论等是不可避免的。因此，培养小组成员自我约束、接受提醒的态度和习惯是非常重要的。要让大家主动、愉快地合作，在小组成立之初，在教师的指导下对小组活动进行约定。例如，组长是固定的，还是轮流的？学习任务应当如何分配比较公平？怎样倾听其他同学的发言？甚至，学具的准备和收拾等方面也都要形成一个共同的约定，并互相遵守、监督，养成自我约束的意识和习惯，保障合作学习按照一定的秩序顺利进行。

（三）谋求利于合作的机制

小组成员要保持合作学习的热情，谋求建立一套能促进合作的激励机制。个体学习是合作学习的基础，教师在组织学生合作学习之前一定要留给学生独立思考的时间，这是他人或小组无法替代的。只有这样，学生才有自己的见解与他人讨论，或在自己疑惑时请人释疑，或在他人不解时帮人解疑。合作学习并非排斥竞争性学习。合作学习后往往是进行全班交流，这时候会出现有些小组任务完成得比较好，有些一般，有些较差。为了促进小组合作学习，各个小组间开展良性竞争是个很好的策略。这样既培养了集体观念和合作精神，又培养了良性竞争的人际关系，促进学生人格的健全发展。小学阶段的合作学习激励机制采用组内合作和组际竞争平行进行较为合适。从而在课堂上谋求一种先独立学习，再组内合作，后组间竞争的机制，促进了团队的合作、互助，营造积极、上进的学习氛围，有效地保障了合作学习的顺利进行。

关注教学起点，提高教学有效性

课堂教学是师生互动交流的过程，教学有效性取决于教师是否尊重学生的认知规律和已有经验基础。在实际教学中，有些课堂教学为了追求所谓的"新、奇、特"，而忽视了教学起点，违背了学生的认知规律，导致学生的认知成了"空中楼阁"，教学过程成为"揠苗助长"，学生发展受到约束，教学有效性大打折扣。如何规避类似现象出现呢？本文以人教版小学数学五年级下册综合应用《打电话》为例，尝试探讨如何准确掌握学情，关注教学起点，真正做到"以学定教"，提高教学的有效性。

一、关注数学知识的生长点

（一）案例回放

1. 情境引入。

师：一个舞蹈队共有15人，星期天有一个紧急演出，老师需要尽快通知每一个队员，你认为可以用哪些方式通知？

生1：可以打电话，发短信。

生2：也可以用校讯通，上QQ通知。

2. 探讨方案。

师：如果用打电话的方式，通知1个人需要1分钟，通知15人共需要多少分钟？

生：15分钟。

师：是怎样通知的？

生：一个一个地通知，共用15分钟。

师：你觉得这种方式怎么样？

生：太慢了。

师：还有更快的方式吗？

生：可以分组通知。比如分成3组，用7分钟。

师：你能用图示的方法表示出来吗？

（学生尝试画图表示）

师：哪一种方法比较快？

生：分组通知。

师：是不是分的组越多用的时间越少？

生1：不一定。如果分成5组，也是用7分钟。

生2：如果分成15组，要用15分钟，反而更慢了。

师：还有比分组通知更快的方法吗？

生：每个队员接到通知后马上通知其他人。接下来他（她）再继续通知其他人……

（二）案例分析

通过创设教学情境引入"如何用打电话的方式尽快通知到每一个队员"，再让学生集思广益，师生共同探讨是否有更快的打电话方法，并让学生尝试用图示的方法画出相应的流程图。从表面上看，有些学生对答如流，似乎学生对优化方案没有什么障碍。但事实上，学生在随后尝试画出打电话的流程图这个环节暴露出问题：全班共分12个学习小组，只有2个小组画出了分成3组通知和分成5组通知的方案，更多的小组还没找到合适的图示方法，没有一组学生画出通知15名队员最省时的打电话流程图，因而学生并未发现隐藏在打电话背后的规律。究其原因，就是教师忽略了学生认知的起点，首先，在教学中没有引导学生辨析分组通知中的积极因素和消极因素，理解分组通知比一个一个通知快的原因在于"组长接到通知后马上通知组员"，而分组通知并非最优方案的原因在于两个方面：教师通知完3个组长后没有接着通知其他队员；接到通知的队员也没有再往下通知。其次，按教材呈现的最优方案的流程图，即用正方形表示老师，圆形表示学生，线上的数表示第几分钟这样的要求，完整的流程图至少需要46个小步骤才能完成，这对小学生而言比较困难。

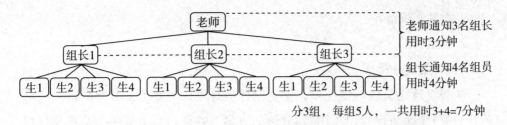

分3组，每组5人，一共用时3+4=7分钟

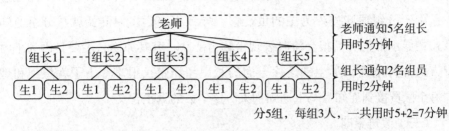

分5组，每组3人，一共用时5+2=7分钟

图2-6

（三）改进策略

基于以上分析，教师应当在加强辨析的基础上，通过动手操作（摆一摆，画一画）给学生提供直观的感性认识，帮助学生理解方案的优化过程。如上教学片段预设可作如下改进：

导入新课后，教师出示"讨论话题"，自学人教版教材五年级下册第102~103页。

1. 课本介绍了几种通知的方法？

2. 是不是分的组越多用的时间越少？

3. 还有更快的方法吗？

（提示：可以在题板上用磁钉摆一摆，也可以用书写笔画一画。）

在汇报交流环节，教师要有意识地引导学生围绕为什么"分组通知"比"一个一个通知"快，但却不是最佳方案的原因进行探讨，以"分组通知能不能改进得更快一些"为话题，引导学生对方案进行优化。

二、关注数学活动的支撑点

（一）案例回放

1. 设计最佳方案。

小组合作：设计一个更省时的方案，并在题板上画出打电话的流程图。

2. 教师巡视指导。

3. 学生展示方案。

（二）案例分析

从教学现场呈现的情况看，学生设计的打电话方案大部分是6分钟、5分钟，只有1个小组设计出了用时4分钟的方案。在随后对方案进一步优化过程中，由于分组通知先入为主的负迁移，导致很多学生一开始就从分组通知入手，在展示方案与汇报交流时表现得较为茫然。究其原因，主要是因为平时没有人这样打电话，学生缺乏这方面的意识和经验，很难一下子就想到和理解"每个队员接到通知后马上通知别人"这句话的真正含义。

（三）改进策略

从以上分析来看，学生对打电话的最优方案的领悟感到困难，在于缺少统筹优化方面的意识和经验。因此，教学的关键是如何让学生积累这方面的基本活动经验，为后续学习提供必要的"支架"。游戏可以引导出孩子的学习天性，因此，主张以游戏方式教育下一代，以上教学片段预设可作如下改进：

1. 议一议。

还有更快的方法吗？

师：怎么理解"每个队员接到通知后马上通知别人"这句话的意思？

师：哪些人可以参与打电话？

2. 传一传。

师生演练"传声筒"游戏。体验3分钟最多通知几名队员。

规则：①目标：悄悄传递一句话。②身份：站着的人表示知道消息，坐着的人表示不知道消息。当站着的人把消息传递给坐着的人时，坐着的人必须站起来，并且不再坐下。③步骤：1分钟传递1个人。第1分钟，教师把消息传递给1名学生（1传1）；第2分钟，教师和这名学生把消息传递给下面两名学生（2传2）；第3分钟，教师和3名学生把消息往下传递给4名队员（4传4）。④游戏结束后大家一齐把这句话说出来。

师：3分钟有没有可能通知8个人？

生：不可能。因为1分钟只能通知1个人。

教师边参与边指导，重点让学生理解和体会"不空闲"的打法。

3.给最省时的方案起名。

生1：传递通知。

生2：联合通知。

生3：倍增通知。

生4：接二连三通知。

通过师生演练"传声筒"游戏，学生在参与游戏活动的过程中，体会"不空闲"的打法是最省时的，要确定好谁通知谁，才能做到"不重复""不遗漏"，积累了基本的数学活动经验，渗透了"运筹"的思想方法。

三、关注数学思维的触发点

（一）案例回放

1.交流设计方案。

师：通过这个流程图，你发现了什么？

2.列表总结规律。

师：如果还要通知更多的人，再画流程图合适吗？你有什么建议？

表2-4

第几分钟	1	2	3	4	5	6	7	…
新通知的人数								
知道消息的总人数（含教师）								
最多通知到的人数								

（二）案例分析

从回放的案例来看，这样的设计和教学没有问题，但教学实际是学生短时间无法将流程图呈现的信息转化成数据信息，并从中整理发现相应的规律。学生的思维跨度太大，表格中多个数据同时出现，对学生的观察力、综合分析能力以及对现象背后的抽象概括能力构成极大的挑战。学生目不暇接，难以厘清思维发现规律，无法解决问题。

（三）改进策略

按照以上分析，教师要充分尊重学生的认知规律和年龄特点。可针对图形信息生成数据信息的过程巧设课件演示进行过渡，对于信息量过大的宜采用逐行呈现的方式进行。事实证明，改进后学生思维得到真正的触发和发展，能够从表中的数据、信息的变化中发现并用自己的语言描述性地概括出相应的规律。改进如下：

仔细观察，认真填写，你发现了什么？

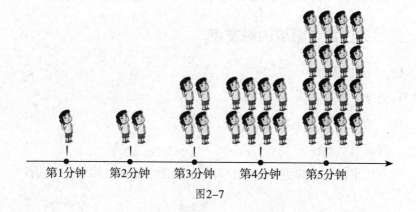

图2-7

（依次出现以下三个表格，最后合并成一个大表格）

1.新接到电话的人数有什么规律？

表2-5

第几分钟	1	2	3	4	5	6	7	…
新通知的人数	1	2	4	8	16	32	64	…

生1：这一行数都是乘2、乘2……

生2：这组数都是成倍增加。

2.知道消息的总人数（含教师）有什么规律？

表2-6

第几分钟	1	2	3	4	5	6	7	…
知道消息的总人数（含教师）	2	4	8	16	32	64	128	…

生1：这一行数都是乘2、乘2……

生2：它们都是倍增的。

3. 最多通知到的人数有什么规律？

表2-7

第几分钟	1	2	3	4	5	6	7	…
最多通知到的人数	1	3	7	15	31	63	127	…

生1：这组数比知道消息的总人数少1。

生2：它们都是（前一个数）乘2减1。

4. 小结：我们已经设计出最省时的打电话方案，在实际通知过程中还要注意什么？

生1：不重复，重复会占线。

生2：不能遗漏。

生3：要确定好谁通知谁。

四、关注情感态度的共鸣点

（一）案例回放

运用规律解决问题。

按照这样的方式，如果1分钟只能通知1名队员，那么：

1. 教师通知30人要用几分钟？

2. 如果一个合唱队有50人，最少花多少时间就能通知到每一个人？

3. 生活中有哪些地方有类似"打电话"的现象呢？

（二）案例分析

学生已经发现并总结出隐藏在"打电话"背后的规律，运用规律解决相关的实际问题，并体会数学与生活的密切联系。这样的教学无可厚非，也是水到渠成的事。但如果仅仅是完成几道练习题，学生体会不到为什么要学"打电话"，更体验不到统筹优化为生活带来的种种便利，也无法感受到数学思想的价值和魅力。

（三）改进策略

情感、态度和价值观是数学教学目标的重要方面，但同时也容易被教师忽略或走过场。对"打电话"这节课，教师们更多关注如何借助"打电话"这个素材，让学生进一步体会数学与生活的密切联系以及优化思想在生活中的应用，培养学生应用数学知识解决实际问题的能力，同时通过画图的方式发现事物隐含的规律，培养学生归纳推理的思维能力。其实作为综合与实践领域的数学内容，更应该把实践活动和生活实际相结合，让学生体会数学与生活的密切联系，感受到"为何而学""学有何用"。为此，教学时可通过创设问题情境："植树节刚过，老师打电话通知同学们参加植树活动"，让学生猜一猜老师打电话的时间，激发了学生们求知的欲望和热情，为新课的学习做好心理准备。在学生发现和掌握规律之后，让学生运用规律解决课初提出的问题，体会关键词"至少"与"最多"的区别，感受"知道消息的人数"与"接到通知的人数"的不同，初步感悟"区间值"的价值，培养学生根据实际情况灵活地解决问题的能力。利用"数学万花筒"向学生展示"打电话"这种现象及其规律在生活和自然界中的类似现象，让学生感受数学与生活的密切联系，让学生感受数学学习的乐趣、魅力及其价值。

1. 情境引入。

师：3月12日是什么节日？

生：植树节。

师：瞧，画面上的同学们在干什么？

生：植树。

师：是啊，每年植树节前后同学们都会踊跃参加植树活动。这是星期天部分同学在东山公园参加植树活动的画面。记得上周末晚上，老师接到学校布置的一个重要任务：负责通知30名同学，第二天早上8点整准时到东山公园参加义务植树活动。老师一看时间，已是晚上8点30分了。怎样尽快通知同学们呢？

生：打电话、发信息、校讯通、微信……

师：为保险起见，老师最终选择打电话。给1名同学打电话需要1分钟，猜猜看，老师给30名同学打完电话一共用了多少分钟？

生：30分钟。

师：经过周密策划，老师最终只用了5分钟。

师：想知道老师是怎么安排的吗？今天我们就一起来学习打电话中的数学问题。（板书：打电话）

2. 解决问题。

师：上周末，老师通知30人为什么只用了5分钟呢？5分钟最多可以通知多少人？最少呢？

3. 联系生活。

师：生活中有哪些现象和打电话有相类似的地方呢？

课件演示教师收集的"数学万花筒"：金草花剪纸中的对折现象，蓝藻细胞的分裂现象等。

师：蓝藻的繁殖是以倍增的现象出现的，繁殖的速度非常快。一旦出现要马上清除，保护生态就是保护我们美丽的家园。

学生由于个体差异，教学起点不尽相同，但就整个学段而言，学生仍有许多共同的特点和认知规律。教师要准确把握学情，了解教学起点，真正弄明白哪些该教，哪些不用教，哪些要少教，哪些要多教，从而动态地把握教学目标和教学策略，这样才能真正做到因材施教，真正做到有效教学。

关注学生主体，精心设计校本作业

校本作业是学校或教师根据教学目标，结合学情自主编写的作业。教师是校本作业的编写主力军，校本作业是教师脑力劳动生产出来的智慧产品。由于每位教师的职业态度和专业素养不同，编写的校本作业良莠不齐，产生的效果不明显，慢慢地也就被边缘化了。现行的作业主要由课本作业、配套作业、教辅资料和校本作业构成，这些作业的整体设计程度不太高。

随着时间的推移，会产生以下问题：

1. 重虚构，轻生活。有些作业的情境纯属虚构，远离学生的生活，缺乏时代气息，可读性、趣味性不足。

2. 重统一，轻差异。作业布置强调统一要求和一刀切，忽略了学生的个体差异和个性化需求。

3. 重经典，轻原创。作业中强调典型题型和模式化思考，忽略非典型题型和求异思维，偏爱所谓专家题库，忽视教师原创的题目。

4. 重强化，轻养成。现实（如为了迎接各级的质量监测）中还存在着"题海"现象和"魔鬼"训练等现象，忽视了学生学习习惯的养成教育。

5. 重知识，轻发展。由于学生的学科素养和核心素养难以进行量化和测试，所以作业普遍存在看重对知识技能的考查，缺乏针对学生发展水平的过程性考核。

作业中存在的种种不良现象，本质上是作业设计上"以师为本"或是"以本为本"，以配套作业为主，忽视学生的实际和差异。这样势必影响到教学目标的达成和教学质量的提升。解决问题的办法并不是多订一些所谓的题库和多做一些习题，而在于提高教师设计校本作业的能力和水平，只有以围绕学生发展来设计的校本作业，才能促进学生素养的提升。下面结合实际，谈一谈如何编写优质高效的校本作业的策略。

一、关注学生生活，设计多元作业

数学源于生活，又反映着生活中的空间形式和数量关系。因此，现行教材非常重视情境化教学，如人教版教材在一些单元的前面编排了情境图，这些情境图反映了学生的生活和学习，画面生动、活泼、有趣，很受学生的欢迎。不过，与之相配套的作业来自"现实情境"的作业内容较少，解决问题的能力的跨学科类型题目不多。教育已迈进信息化时代，网络交流、动漫形象在学生的生活中比重越来越大，像"二次元""打Call""作业盒子"等已成为学生的新宠，时代在变，学生在变，作业的形式和内容也应与时俱进。教师在设计校本作业时，要充分关注学生生活，主动吸收时代元素，让学生喜欢的卡通形象、情景对话等进入校本作业，创新校本作业表达方式，精心设计多元作业，满足学生的"潮感"。如一位教师设计了这样一道选择题：

微信发布：2016年春节，微信收发红包数量刷新了纪录。除夕当日，微信红包收发总量高达8080000000个。对于横线上的这个数，以下说法错误的是（ ）。

A. 这是一个十位数，最高位是十亿位

B. 这个数一个0都不读

C. 省略亿位后面的尾数约是81亿

D. 这个数中的两个"8"表示的意义一样

这道题考查大数的读写，题型虽然采用选择题，但教师恰当地选择了微信红包这一时代情境，能有效地吸引学生，收到了良好的效果。

设计多元化的校本作业就是要立足学生生活，紧跟时代脚步，创新作业形式，给传统题型赋予时代元素，可增加操作性、调查性作业，有条件的还可以设计线上作业（如作业盒子）等，让学生既有动脑思考，又有动笔练习，还有动手操作、网上冲浪的体验。

二、关注学生差异，设计分层作业

美国教育家、心理学家霍华德·加德纳提出多元智力理论，该理论认为每个人都至少具备语言智力、逻辑数学智力、音乐智力、空间智力、身体运动智力、人际关系智力和内省智力，后来加德纳又添加了自然智力。不存在单纯的某种智力和达到目标的唯一方法，每个人都会用自己的方式来发觉各自的大脑资源，这种为达到目的所发挥的各种才智才是真正的智力，并造就了人与人之间的不同。教师要充分尊重这种差异性，否则将不利于学生整体的和谐发展。在设计校本作业时，既要考虑不同学业水平的学生，也要考虑学生在智力结构上的不同偏好。既要设计难易程度不同的作业，保证不同学习水平的学生能够完成适应自身发展的作业，还要设计不同呈现形式，包括图、文、表等表达形式和读、写、算、听、操作等考查形式，兼顾在智力结构上不同偏好的学生。通常的做法是设计分层作业，可以将校本作业分为三个层次：基础性作业、发展性作业和拓展性作业。基础性作业考查学生必须掌握的基础知识、基本技能和良好习惯；发展性作业以变式题为主，考查学生思维的灵活性和深刻性；拓展作业是提高性、综合性题目，考查学生综合水平、创造性思维。

以简便计算为例。

基础题：（8+4）$\times$125或29$\times$56+44$\times$29

这两道题考查学生乘法分配律正反应用能力。

发展题：（32+56-16）$\div$89或100$\div$75+100$\div$25

这两道题考查学生灵活运用倒数知识解决乘法分配律问题，还要防止乘法分配律模型的负迁移，不能简单套用乘法分配律公式。

拓展题：0.47$\times$8800+130$\times$4.7-47

这道题综合考查学生小数点位置移动引起小数大小的变化和乘法分配律等知识，学生要有一定的综合运用能力和创造性思维。

这三种层次的题目，基础题是所有学生都能够掌握的水平；发展题是大多数学生能够掌握的水平，全班通过练习和讲评后也能掌握的水平；拓展题难度较大，综合程度较高，即使是强化训练之后，也不是所有的学生都能完成。因此，在布置作业时前两个层次为必答题，第三种可定为选做题，让学有余力的学生"跳一跳也能摘到桃子"。

为了覆盖不同智力结构的学生，教师在设计校本作业时，还要注重联系生活实际，培养解决问题的能力。如：李叔叔把1块三角形玻璃摔成4块（图2-8），可他只拿了1块玻璃去玻璃店配了1块与原来一样大的玻璃，他拿的是（　　）块玻璃。

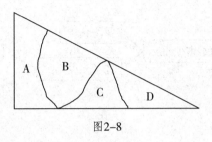

图2-8

三、关注学生习惯，设计养成作业

"好好学习，天天向上"是一句至理名言，这里的"学习"，来自《论语》"学而时习之"。学生学习新知识、新技能，还要不断地练习、温习、复习加以巩固，最终习惯成自然，完全内化为自身的素养。因此，教育家叶圣陶说："教育就是培养习惯。"按照叶圣陶的观点，习惯有良好习惯和不良习惯（妨碍自己进步或妨害他人的习惯），由此可见关注学生习惯，培养学生良好习惯、克服不良习惯在小学阶段是相当重要的。我们设计校本作业时要把养成教育作为一个学习目标，通过"有意识、有内容、有办法、有矫正"来培养学生的良好习惯。一般认为，与完成作业有关的良好习惯主要有审题习惯、分析习惯、检验习惯、书写习惯、咨询习惯、查找习惯、质疑习惯等。不同习惯的培养策略是不完全一样的，如审题习惯可通过设计多余条件或相似条件进行培养，分析习惯可通过画线段图、列数量关系式或画思维导图进行分析，而检验习惯则可用代入法，把答案当作一个条件，把其中一个条件当作问题通过逆思考进行倒推，也是不错的选择。下面以思维导图培养分析习惯为例加以说明。

原题：刘叔叔带700元买化肥，买了16袋同一种化肥，剩60元。每袋化肥的价钱是多少？

用思维导图分析如下：

综合法：

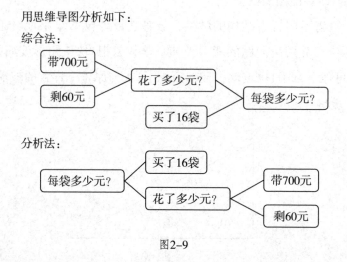

分析法：

图2-9

通过思维导图可以很方便地引导学生从条件到问题进行综合思考，强化正向思维能力，也可以引导学生从问题追溯到条件进行分析思考，强化逆向思维能力，从而培养学生的综合分析能力和良好的思维习惯。

四、关注学生发展，设计探究作业

苏联教育家维果茨基认为，学生的发展有两种水平：一种是学生的现有水平，指独立活动时所能达到的解决问题的水平；另一种是学生可能的发展水平，也就是通过教学所获得的潜力。两者之间的差异就是最近发展区。按照维果茨基的儿童发展观，校本作业的设计应着眼于学生的最近发展区，为学生提供带有难度的内容，调动学生的积极性，发挥其潜能，超越其最近发展区而达到下一发展阶段的水平，然后在此基础上进入下一个发展区的发展。在难度上，要让学生通过"跳一跳"才能摘到桃子。既要关注学生的正向思维，还要关注学生的逆向思维；既要关注数学的知识技能这条明线，更要关注数学思维方法这条暗线。在立意上，要着眼于学生素养的提升，让学生学会用数学的眼光进行观察，用数学的思维进行思考，用数学的语言进行表达。例如，在教学人教版四年级上册"近似数"一课后，可以设计图2-10的练习题。

一个数四舍五入后约是10万，这个数可能是多少？一定在这个灰色区域，对吗？

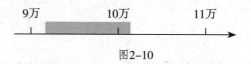

图2-10

这道题传统设计的问题是"这个数最大是多少，最小是多少？"从以往的教学经验来看，受到逆思考的影响，有相当一部分学生无法理解和掌握，也就是传统校本作业设计并不在大部分学生的最近发展区内。引进数轴的方法和值域的思路，采用数形结合的思想，学生先回答"这个数可能是多少？"再让学生进一步思考"十万多符合条件的数很多，最大的是多少？""九万多符合条件的数也很多，最小的是多少？"最后再通过图上灰色区域的移动，让学生直观感受到一个数四舍五入后是100000，这个数的边界最小是95 000，最大是104 999，在这两个数之间的每一个数都符合四舍五入后约是10万这个条件。

五、结束语

直面当前校本作业存在的问题，转变以师为本或以本为本的校本作业现状，关注学生的主体发展需求，设计优质高效的校本作业，构建以生为本的课堂，让学生形成"数学好玩""我想做数学"的积极心态，才能全面有效地提升学生的核心素养。

构建学科融合，助力数学学习

　　当前，科学技术迅猛发展，社会对综合型、复合型人才的需求越来越迫切。针对新时代对人才培养的新要求，《义务教育数学课程标准（2022年版）》强化了课程育人导向，强调了核心素养的培养，同时设立跨学科主题学习活动，加强学科间相互关联，带动课程综合化实施。这些新变化明确要求，今后小学数学要实现"教书"向"育人"转变，要结合数学教学，探索学科的融合，培养跨学科综合能力和核心素养。现就小学数学实现学科融合提出四点策略，助力学生数学学习。

一、开展主题式融合，整合数学学习

　　小学数学主题式融合教学，是跨学科背景下开展的数学活动。师生需要根据教材阶段内容、学生知识经验和生活现实情境确定活动主题，优化活动目标，设计活动方案，整合活动内容，呈现活动成果，形成融合多学科、目标多层级、整合多领域的新的课程素材版块，从而加大学科间横向的联系，加强课内外知识的纵向联系，培养学生解决问题的综合能力，这是对传统意义上数学学习的一种整合和转型。

　　例如，在教学人教版三年级下册"克和千克"一课时，可以"逛超市"为主题，以"发展数感和量感"为目标，以"估重—拈重—称重"活动为主线，构建学生熟悉的超市情境，让学生模拟超市购物，如购买鸡蛋、黄豆、水果等需要称重的物品，认识和使用天平、弹簧秤、体重秤等称重工具，积累一些日常物品的单位量感，并能进行大体的估测和简单的交易。这种以"逛超市"为主题的情境，贴近学生的生活实际，融合了多个学科知识，解决"真实"问题，获得对质量单位、秤、进率、换算、交易等清晰的认识，形成指向核心素养的知识、能力和品质。

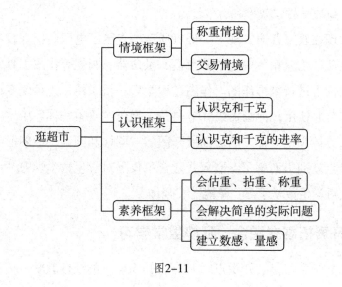

图2-11

二、开展嵌入式融合，赋能数学学习

嵌入式融合是最常见的一种学科融合手段。嵌入就是将需要融合的内容结合教学情境实现"插播"，或采用其他学科技术手段，结合教学情境实现"赋能"。数学教学要转变为数学教育，体现正确价值观、必备品格和关键能力的培养要求，全面强化课程育人导向，真正做到"教书育人"。为此，数学教学要有机渗透思想品德教育。例如，在教学四年级上册"大数的认识"一课时，设计如下练习：

请写出下面横线上的数。

据悉，张北柔性直流电网试验示范工程，每年可向北京地区输送约一百四十亿千瓦时绿色电力。北京冬奥组委新闻发布会上介绍说，三个冬奥场馆绿电预计使用四亿千瓦时，可以减少燃烧十二点八万吨的标准煤，减排二氧化碳三十二万吨。

采用做练习的方式，在考查学生大数的读写水平时，借助练习的素材，紧扣北京绿色冬奥的主题，渗透了绿色发展理念，激发了学生爱国主义热情。

嵌入式融合教学还要求借助信息技术平台和手段，改进和提升数学教学。

信息技术既是学科知识，也是平台手段。把信息技术嵌入数学教学，不仅丰富了课程内容，改变了学生的数学学习方式，其高度信息化、数字化、互联网化还能全面提高数学教学效率和有效性。

例如，现在教室普遍实现了"班班通"，安装了电子白板等教学系统。数学教师可以从"工具箱"中选取三角板、量角器、圆规等作图工具，直接在正在播放的课件上进行精准作图。作图过程学生一目了然，连角度变化都一清二楚。如果安装并使用几何画板或3D软件后，教学"观察物体"中"三视图"的变化、"长方体和正方体"的表面展开图、"圆柱和圆锥"中图形的运动等传统的教学难点就迎刃而解了。嵌入式融合不仅是对学生数学学习"增容""扩量"，更是对学生数学学习"赋能""强体"。

三、开展拓展式融合，延伸数学学习

以往的数学学习是"知识点+知识点+知识点"的线性教学，拓展式融合教学可以理解为，把提升数学能力水平作为根本目标，遵循学生的知识经验和认知规律，以课堂所学为圆心，由课内向课外逐渐拓展学习半径，形成由不同半径组成的同心圆。这是一种板块教学。一方面，引入与课内有关的资源，以拓展课内知识的广度和深度；另一方面，则使课内知识得以迈出课堂，学生将课本知识和生活实践紧密联系，有助于将内在的知识外化为能力，将外在的经验内化为知识，培养学生数学学科素养。

人教版六年级上册"圆"这一单元是小学数学拓展式融合的典型例子。在教学完"圆的认识"和"圆的周长"两节课后，教材分别以栏目"你知道吗？"介绍了中国的古代数学著作《周髀算经》《九章算术》和数学家祖冲之、刘徽的伟大贡献，学生了解了"周三径一"和割圆术；再以"生活中的数学"介绍了：我们周围很多东西的平面轮廓都是圆形的，如车轮、马路上的大多数井盖，这是为什么呢？引发学生思考：这里都利用了同一圆的直径都相等的性质，确保车辆在道路上能平稳行驶，而井盖却不会掉到井里。最后，教材安排"确定起跑线"一课，引导学生以综合实践课的方式，围绕运动会上男子400米赛跑时"为什么运动员站在不同的起跑线上？""各跑道的起跑线应该相差多少米呢？"这两个核心问题，准确确定400米跑道的起跑线。

这种由课内圆的认识和圆的周长拓展到数学历史文化知识，延伸到圆在生活中的广泛应用的教学，使学生从数学的广度体会到我国古代数学家伟大贡献，激发起民族自豪感。再从确定起跑线的学习，学生从数学的深度感受到数学的价值，培育了学生的科学探索精神。

四、开展实践式融合，迁移数学学习

近年来，全球掀起了STEM教育改革潮流。所谓STEM课程，是指由科学（Science）、技术（Technology）、工程（Engineering）、数学（Mathematics）等学科共同构成的跨学科课程。倡导情境多元、学科跨界、问题导向、科学建构、自主创新，充分体现出课程改革的综合化、实践化、情境化的特点。这种改革主要源自科技迅猛发展，跨学科融合趋势明显，从而产生对复合型人才的需求。因此，开展实践式融合就是要加强学科间的相互关联，带动课程综合化实施，强化实践性要求。这种实践性融合，要求数学课程开放、活动主题统一、活动设计综合、活动操作多元，能够把教学情境中的学科知识迁移到现实情境中并解决实际问题，从而获得综合素养提升。

例如，在教学完人教版六年级数学上册"比"的知识后，可举行一次"旗杆有多高"的测量实践活动，测量大树、旗杆、高楼等实际物体的高度，在同一时间、地点实际测量过程中发现规律。

活动准备：卷尺、计算器、不同长度的竹竿等。

活动要求：

1. 测量：各组在同一时间和地点，测量不同高度的竹竿（直立）、旗杆等的影长，并记录下来。

2. 计算：各组根据测量所得数据，计算出影长与竿高的比值。

3. 讨论：你发现了什么？（同一时间和地点，各组计算的影长与竿高的比值是一样的）通过百度查阅文献资料，进一步了解太阳高度角知识。

4. 应用：根据"在同一时间和地点，影长与竿高的比值一样"的规律，利用现有影长与竿高的比值和旗杆影长的数据，计算出旗杆的高度。

通过小组合作实践应用方式，感受数学与其他学科（科学、工程、技术）之间的联系，把所学到的知识迁移到问题情境中，培养学生整合多学科知识解

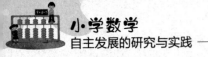
决问题的能力。

　　数学学科融合是以"大数学"的视角，通过实施主题式、嵌入式、拓展式和实践式四大融合策略，转变传统数学教学方式，助力学生数学学习，提升学生数学核心素养。

构建"五维"课堂，助力学生发展

一、从"人与伙伴"维度，构建全体发展课堂

自从夸美纽斯开创了班级授课制，班级就如同一个小社会。在这个小社会里，学生和教师一起学习、生活、运动，彼此朝夕相处，自然而然形成各种伙伴关系，如师生关系、同学关系等，这种关系不可避免地会对学生的学习和成长产生积极或消极的影响。这也是教师备课既要备教材，也要备学生的原因之一。

在小学数学课堂上，巧妙利用伙伴关系能有效促进学习。如成立合作学习小组，考虑到课堂上方便交流，合作学习小组一般是前后桌四人一组，有需要共同完成任务，开展讨论交流时，前桌转向后桌即可围桌进行。还可以是项目式学习小组，学生不受座位限制，可根据任务需要进行组合，由课内延伸到课外开展活动。不管是哪种分组形式，都设一名组长负责管理。实践证明，小组合作学习或项目式学习，有任务、有活动、有交流、有成效、有乐趣，小组成员间关系更密切，团队意识更强，性格互补性更全，目标达成效果更好。有伙伴关系的加持，团队合作水平更高效，更能体现全体发展的目标。

二、从"人与学科"维度，构建全面发展课堂

小学每一学科都有相应的专业教师任教，学科与学科之间的界限泾渭分明，跨学科交流就显得少了。小学生的知识经验和认知水平还不足以形成"专""精""尖"。"分"与"合"是一对矛盾，也是辩证统一的。和"分"相对应的是"合"，是"整合"和"融合"。小学不宜学得太偏、太深、太难、太满，学科之间要适当交叉、渗透、融合，才能实现德、智、体、

美、劳全面发展。为了消除分学科教学所产生的消极因素，数学课堂须关注"人与学科"这一维度，关注学生不同学科的学习情况，是否出现偏科现象；关注如何在数学学科教学中融入其他学科元素，形成用数学解决问题的能力。如一位教师执教"乘法分配律"一课，尝试在数学中融合语文的知识进行教学。以下为教学片段：

> 师：你能把这句话分成两句来说吗？小明爱爸爸和妈妈。
>
> 生：可以这样说，小明爱爸爸，小明爱妈妈。
>
> 师：看来，有些话可以合起来说，也可以分开说。
>
> 师：照这样说，张玲爱吃苹果和梨。……
>
> 师：语文中有这种现象，数学中也有这种规律，如 5×（3+4）=5×3+5×4。今天大家一起来学习"乘法分配律"。

三、从"人与自然"维度，构建和谐发展课堂

人类过度开发会引起大自然的反噬，全球气候变暖就是一个明显的信号。面对全球环境治理的挑战，习近平总书记提出"人与自然生命共同体"理念。要贯彻新发展理念，就要求把生态文明的理念渗透到学科教学中，让学生从小建立起尊重自然、顺应自然、保护自然的意识，促进人与自然和谐共生。要将"碳达峰""光伏"等新名词及其数量转化为教学资源，嵌入数学课堂中，让学生从小学会用"人与自然"的眼光观察世界，用"人与自然"的思维思考世界，用"人与自然"的语言表达世界。

四、从"人与社会"维度，构建主动发展课堂

中央电视台科教频道曾经播过一个栏目《人与社会》，说明国家在关注社会建设。党的十八大进一步确立了"五位一体"的总体布局，将社会建设明确纳入发展的轨道。数字课堂应与时代同频共振，要围绕社会层面"自由、平等、公正、法治"这八个字，让学生体会社会主义核心价值观。教学中要主动突破数学课的学科界限，从"人与社会"的维度审视数学教学，促进学生主动发展。

例如，在复习"统计图"一课时，可这样设计教学情境：

谁是四（1）班三月最美的教师？产生办法：一人一票，写上教师的名字，再投入票箱。经过计票员、监票员现场统计，当场公布结果。数学教师以30票当选为四（1）班三月的最美教师。数学教师感谢全体同学的鼓励后，出示下列问题：

1. 教师们一眼就看出三月各自得票的数量，可以制作成（　　　）统计图。

2. 数学教师想知道二月到七月自己的得票情况，可以制作成（　　　）统计图。

3. 语文教师想知道自己三月得票数占总票数的百分比，可以制作成（　　　）统计图。

这样的数学课，少了抽象和刻板，多了亲切和有趣。学生全员参与投票活动，看到大家选出三月最美的学科教师，结果得到一致认可。这种从"人与社会"维度演绎数学课，是民主与法治理念的无痕教学，播撒下社会主义核心价值观的种子，构建起主动发展的课堂。

五、从"人与未来"维度，构建持续发展课堂

基础教育是未来的事业，今天所学必将为未来做准备。教师常会收到学生的灵魂拷问："我长大想做什么？今天学的东西将来有用吗？"这些问题看似简单，却难以回答。我们无法预知未来，也不可能提前准备好一切，但未来一定会到来。今天学生的头脑要多思考将来。就如基因工程技术，毫无疑问是先进的、尖端的科学技术，但转基因食品、基因编辑等对人类的影响却是未知数。因此，从"人与未来"的维度关注今天的课堂，使学生具有未来视野，促进学生可持续学习和发展，可以选择一些当下关于未来科学的热点话题，打开学生的视野。

有一位教师的数学课深受学生的欢迎，他的课不是按部就班的普通数学课，而是"大数学"课。在他的课上，能听到《三体》、"量子""神舟十号"等科技名词或热门话题。同学们说他有"fans（粉丝）"，夸他是"百科全书"。如2013年6月20日上午10点，神舟十号航天员在太空给地面的学生讲课。那天正好是他的数学课，他让学生收看这次来自太空的科普活动。此次太

空授课主要面向中小学生，使学生们了解微重力条件下物体运动的特点、液体表面张力的作用，加深对质量、重量以及牛顿定律等基本物理概念的理解。最后，这位教师说，太空授课是一件了不起的事，这些质量、重量以及牛顿定律都需要科学的实验和数学公式的推导和证明，这背后有科学巨人的肩膀，还有地面上成千上万名科学家的技术支持。同学们，今天的学习就是为未来做准备的。正如航天员说的，当年种下梦想的种子，今天开花结果了。"亲其师，信其道"，好教师会影响学生的一生，唤起学生关注未来、畅想未来的兴趣。

小学教育存在的一些根本性问题，本质上是时代改变在教育上的反映，从而引发对学科教学的新思考，必将寻求学科教学的新方案。构建"五维"课堂，助力学生发展，实现学科教学向学科教育转变，促进单纯学科教学向"立德树人"的回归。

基于信息化条件下教学过程的优化

一、教学目标是教学过程优化的前提条件

教学目标是指教学活动实施的方向和预期达成的结果，是教师对学生达到的学习成果或最终行为的明确阐述，是一切教学活动的出发点和最终归宿。教学目标具备支配教学实践活动的内在规定性，起着支配和指导教学过程的作用，也是教师进行课堂教学设计的基本依据。

二、导入新课是教学过程优化的基础环节

良好的开头是成功的一半。在课堂教学中，精心设计的导入环节，不但可以激发学生的学习兴趣，把学生带入引人入胜的情境之中，更重要的是能把数学和生活紧密联系起来，为探究新课奠定认知准备和心理基础。导入新课是教学的一个基础环节，是架设在师生之间、学生和新知之间的"引桥"，直接关系到教学效果。"班班通"配置高、容量大、功能强、速度快，不论是音像引入，场最引入，还是传统的复习引入、游戏引入等都能取得良好的教学效果。尤其是手机的视频、图片拍摄功能与"班班通"配置的wifi组成局域网。教师可以随时把身边的教学素材通过手机收集起来，用在教学上。这样的素材对于学生来说，是极具吸引力的。

三、探索新知是教学过程优化的主要环节

探索新知是学生求知的"爬坡"阶段，是课堂教学的主要环节。教师要精心设计教学过程，认真制作教学课件，通过有效的提问来启发学生的思路，引导学生认真听讲、独立思考、大胆猜想、自主探索、合作交流等，主动建构新

的知识结构。而在"班班通"的使用与教学完全融合的今天，既要充分发挥信息技术为教学带来的种种便利，又不能由此替代或否定学生的亲身体验，二者的契合点和衔接点是教学过程优化的必由之路。

例如，一位教师在执教人教版三年级数学上册"集合"一课时，是这样进行的：

1. 观看颁奖游戏：

（1）颁发智慧星（4人）和体育星（5人）（不重复，各站一边）

（2）颁发智慧星（4人）和体育星（5人）（重复2人，也各站一边）

（3）议一议：该站哪呢？

师：两次颁奖。都是一组4人，一组5人，总人数却不一样，这究竟是为什么？

生1：重复2人，该站哪呢？

生2：其中2人既是智慧星，又是体育星。

2. 设计解决方案：大家对这个问题非常感兴趣，能不能借助图、表或其他方式，让其他人清楚地看出结果呢？

3. 展示优化方案：教师从学生中选了五套较好的方案，利用"班班通"的拍照功能分别拍摄下来，再按照较差到较好的顺序让学生进行评论，最后再将五套方案集中展示，学生从中评出最佳方案（即图的雏形）。

4. 播放"你知道吗？"以小资料的形式介绍维恩图的由来，肯定了学生的智慧和创造性。

在新课探究环节，教师把游戏情境、生活情境和认知情境巧妙地结合在一起，把发现和提出问题、分析和解决问题的过程与"班班通"的拍照功能和展示功能灵活地结合在一起，学生在比较中发现问题，在发现问题中逐步优化方案，最终形成维恩图雏形的共同认知，产生了信息化环境下"不愤不启，不悱不发"的良好景观和效果。

四、突破难点是教学过程优化的关键环节

在传统教学中，根据教学目标的定位，认真实施教学过程，突出教学重点，突破教学难点是一节课最基本的要求，同样在信息化条件的课堂教学也不

会降低要求。如人教版五年级数学上册"掷一掷"一课。这是一节综合与实践课，在利用两个骰子"掷一掷"的活动中，学生亲历观察、猜想、实验、验证的学习过程。通过应用和反思获得数学活动经验，感受成功的体验，提高学习数学的兴趣，培养学生解决问题的能力。其中，让学生尤其感到困难的是"探索两个骰子点数之和为5、6、7、8、9居多的原理"。怎样利用信息技术让学生直观地"看出"隐藏在数据和图表背后的规律呢？一位教师巧妙地把课堂上收集的统计数据与电子表格自动生成条形统计图的功能链接起来，学生先分组实验，再根据分组实验结果，用课件输入数据，自动生成条形统计图。

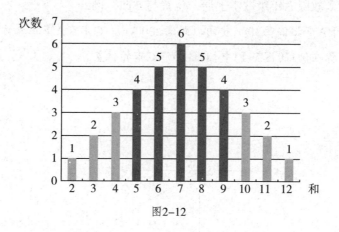

图2-12

根据上面的统计图完成下面的统计表，见表2-8。

表2-8

点数和	2	3	4	5	6	7	8	9	10	11	12
次数	1	2	3	4	5	6	5	4	3	2	1

想一想：从统计图表中你发现了什么？

1.掷出点数和是5、6、7、8、9的情况一共有几种？

4+5+6+5+4=24（种）

2.掷出点数和是2、3、4、10、11、12的情况一共有几种？

1+2+3+3+2+1=6（种）

学生轻松地从可能性的角度解释了"掷一掷"引发的困惑。

五、巩固应用是教学过程优化的重要环节

学生学得好不好，理解得是否透彻，知识和技能掌握得是否扎实，需要巩固应用环节对学生所学进行检测和反馈，以及时了解教学效果，调节教学进程。因此，无论是传统教学还是信息化条件下的教学，巩固应用都是不可或缺的重要环节。不同以往的是应用"班班通"教学资源后，练习的数量、质量、形式和趣味都有极大的提升。尤其是以往"老大难"的统计与概率、位置与方向、图形与几何等问题。

例如，人教版六年级数学上册"位置与方向"例2：

B市位于A市北偏西30°方向、距离200 km。C市在A市正北方，距离A市300 km。请你在例1的图2-13中标出B市、C市的位置。

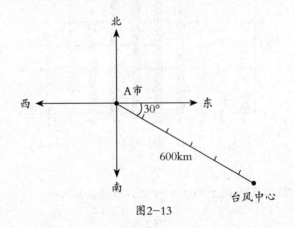

图2-13

这样的问题，如果在以往教学示范或讲评都是较困难的。而如今，如果要示范讲解，只需要把例1的图拍摄下来，再从工具箱中调用出量角器、三角尺，即可示范作图。如果让学生先尝试作图，再将画得最好的或者画得不好的作业在展台上展示，都是很容易操作的，学生也一目了然。这就是教育信息化带来的整体教学效率的提升。

教育信息化的到来，让教师教学方式和学生学习方式的变革成为很迫切、很现实的问题，找准"班班通"和课堂教学的契合点，进行无缝对接，依靠的是不懈的探索与努力。只有积极探索、总结经验、经常反思和交流，才能实现教育信息化和课堂教学的深度融合。

谋求数学学习的新体验

数学课程标准多次提到"体验"二字，足见"体验"在数学教学中的重要地位。要使学生在数学活动中真正获得必需的体验，教师就应当转变陈旧的教学模式和手段，发展有助于奠定学生人格基础与学业基础的数学教学活动、策略与方式，引导学生转变学习方式，亲历"做数学"的过程，谋求数学学习的全新体验。

一、创设问题情境，谋求问题解决的新体验

美国著名数学家哈尔莫斯曾说：问题是数学的心脏。数学的学习过程是不断提出问题并不断解决问题的过程。因为有了问题，思维才有方向；有了问题，思维才有动力。教学要求教师努力把课本中现成的结论转变为学生探究的问题，促使探究活动主题化、静态知识动态化。通过创设问题情境，将学生置于一种富有挑战性的、有趣的问题情境中，让学生产生解决问题的迫切需求。自发形成一种主动探究的心向，从而获得解决问题的新体验。

例如，教学画统计图（起始格与其他格表示的单位不一样）时，请学生绘制出小组4人的体重统计图。这时学生发现如果一格表示1，就需要很大一张纸才能画下，若一格表示50、100，则不能很好地表示每名同学的体重，那怎么办？问题在学生心中逐渐形成，迫使他们主动寻求最佳解决方案。

二、开展动手操作，谋求知识生成的新体验

生成性教学理论认为，从广文知识观来看，教育实质上就是个人知识生成的过程。知识生成方式的不同，会直接影响学生所掌握知识的可迁移性，从而

影响学生的进一步学习。心理学家皮亚杰认为，人对客体的认识是从对客体的活动开始的，思维认识的发展过程，就是在实际活动中主体对客体的认识结构不断建构的过程。活动既是认识的源泉，又是思维发展的基础。因此，教师在教学中积极开展动手操作活动，让学生亲历数学探索历程，体验知识生成的过程，这样学生从中获得的知识才更具生长性。如"0.3和0.5之间有几个小数"，这个问题由于初学小数的意义，学生不知该如何解答。于是，教师采用直线图让学生动手在0.3和0.5之间分出10份、100份……并标出各点的对应数值，使"无限个"的概念在学生指尖无限动态生成。再如，学习"对称"一课，学生通过观察认识了对称图形的基本特征之后，教师让学生自己动手剪一个对称图形，然后画出对称轴。学生在折、剪、找、画的操作活动中，进一步认识到：对称图形两边的大小、形状、图案等都一样，对折后完全重合在一起，对称图形都有对称轴。动手操作，让学生"从做中学"，最大限度地调动了学生学习的积极性，实现了学生对知识自主建构的新体验。

三、展开合作交流，谋求心灵对话的新体验

教学的本质是一种对话。高品质的体验学习必然是建立在师生、生生之间的真挚热诚的心灵对话、交流互动基础之上的。只有在这种有效的交往过程中，学生才能够获得积极、深层次的体验，才能够感受茅塞顿开、豁然开朗等独特的思维体验，才能产生心灵的共鸣和思维的共振，带来良好的学习效果。同时，学生能够体会合作学习、互补性学习所带来的乐趣，使数学课堂闪现出人文精神之光。因此，在数学教学中，教师要努力创设机会，开展师生互动、生生互动的合作交流，构建平等自由对话的平台，使学生处于积极、活跃、自由的心理状态，使课堂充满生命活力。

例如，教学"长方形和正方形的面积计算"一课，教师要求学生以四人小组为单位，在已有知识经验的基础上，通过小组协作学习，自主探究，总结、概括长方形面积的计算方法。结果，有的小组通过用1 cm^2的小正方形逐一测量的方法，分别测量了几个大小不同的长方形的面积，通过观察每一个长方形的长和宽与测量的每一排小正方形的个数和排数的关系，运用不完全归纳法，概括出了长方形的面积计算公式；有的小组通过逐一把几个大小不同的长方形分

制成由若干个1 cm²的小正方形的方法，同样运用不完全归纳法概括出了长方形的面积公式。无论是哪种实验方法，都是学生自己设计、自己探究完成的。学生的实验操作探究过程，不仅是学生的体验学习过程，更是学生思维训练的过程及实践能力培养的过程。在课堂上师生、生生之间平等自由的互动交流，产生始料未及的体验和思维火花的碰撞，使不同层次的学生得到不同的发展。

为了开展持久高效的合作，仅靠学生自发和随意的合作是不够的，还需要一些物化的东西来巩固和激励。因此，在课堂上采取了奖励积分的形式，根据每一个小组的秩序、合作、发言、作业四个方面的情况，由各小组组长以师生首肯添记分牌，每次每项记10分，每节课取前三名，每星期根据积分评出前三名并在学习园地光荣榜上公布，每学期对累计积分排前三名的小组进行表彰或奖励。这种将竞争与合作结合在一起，全程记录学生合作过程的激励机制，大大激发了学生合作学习的积极性、自觉性和创造性，开发了学生的学习潜能，培养了竞争与合作精神，使合作学习成为一种重要的有生命力的学习方式。学生在这种有效的交往过程中，能够持久地获得积极、深层次的体验。

四、联系生活实际，谋求学有价值的新体验

数学课程标准指出，数学教学要体现生活性，人人学有价值的数学。学生学习数学知识，是为了更好地去服务于生活、应用于生活，学有所值。因此，教师要让学生在切身体验中感觉到自己所学的是"有用的数学"，从而激发起学好数学的欲望，树立将数学应用于现实生活的意识。

在教学中，教师利用学生已有的生活经验，随时引导学生把所学的数学知识应用到生活中去，学会用数学知识解决身边的数学问题；了解数学在现实生活中的作用，引导学生领悟"数学来源于生活，又应用于生活"的道理，体会数学与生活同在的乐趣，体会学习数学的重要性。例如，教学"小数的产生"，先让每个学生以厘米为单位测量出数学课本的长、宽、高。在测量过程中，学生发现书的宽为14厘米9毫米，不能以厘米为单位怎么办呢？这时趁势引出小数的概念并帮助学生分析：把1厘米平均分成10份，每份是 $\frac{1}{10}$ 厘米，用

0.1厘米表示，9毫米是 $\dfrac{9}{10}$ 厘米，用0.9厘米表示，这样就可得出书本的宽为14.9厘米。

　　总之，学生的知识不是"派"的，而是通过体验"悟"出来的。在数学课堂中，教师通过转变教学方式，让学生经历返璞归真的认知全过程，这不但能激发学生学习的主动性、积极性，使不同层次的学生获得不同的体验，而且能让所学知识更具有生长性，促进不同学生得到不同的发展。

把握四个结合，建立良好数感

数感作为数学思考的一种方式，没有具体的教学内容，更多呈现出直觉的特征，这给教学带来一定的难度。而"建立初步的数感"又是数学思考的重要课程目标之一，教师在教学中应如何落实这一要求呢？在教学中教师只有准确把握建立数感的结合点，才能有的放矢地帮助学生建立良好的数感，提升学生的数学素养。

一、把握物与量的结合，建立良好数感

在小学阶段，数可以简单理解成抽象地表示事物的多少，量可以理解成对事物进行度量的结果。不同事物的度量结果会使学生产生对数的不同理解和感受，从而萌芽出数感。因此，帮助学生建立数感时，首先要把握物与量的结合点，引导学生用数学的眼光观察生活。

如在认识大数时，可以让学生数一数1页有多少个字、估一估10页或20页有多少个字；在认识克和千克时，让学生在天平上称一称数学课本的质量是多少；在学习长方形的面积时，可以让学生量一量数学课本的长和宽，再算一算它的面积……通过数一数、估一估、称一称、量一量等活动，学生初步学会用数学的眼光看世界，自觉地发现事物量的属性，从而提高学生对数的敏锐程度，形成对数的良好直觉，促进数感的启蒙，为学生建立数感奠定了坚实的基础。

二、把握教与学的结合，建立良好数感

维果茨基的研究表明，把握好"最近发展区"就能把握教与学双边活动的

最佳结合，加速学生数感的形成。因此，教学中教师要善于设计富有挑战性的问题或情境，唤起学生对数量的本质认识的内在需求，建构起自身的数概念网络，有效地接纳数学知识，形成良好的数学意识，创造性地解决实际问题。

例如，教学"分数的意义"一课时，教师设计了以下一组习题：

1. 把1分米长的彩带平均剪成4段，每段占全长的几分之几？每段是几分米？

2. 把2分米长的彩带平均剪成4段，每段占全长的几分之几？每段是几分米？

3. 把3分米长的彩带平均剪成4段，每段占全长的几分之几？每段是几分米？

通过比较，学生很快发现问题：为什么每段都占全长的 $\frac{1}{4}$ ，但每段长度却

不同？学生经过认真讨论得出：以上三题虽然每段都占全长的 $\frac{1}{4}$ ，但由于单位

"1"（彩带的长度）的不同，这个 " $\frac{1}{4}$ " 分别代表了 $\frac{1}{4}$ 分米、$\frac{2}{4}$ 分米和 $\frac{3}{4}$ 分

米。学生在认识了分数的意义的同时，获得了"能在具体的情境中把握数的相对大小关系"的数感体验。

三、把握估与算的结合，建立良好数感

生活中很多时候都要用到估算，而不需要精确计算。估算相对于精确计算在日常生活中有着更广泛的实际应用，更是发展学生数感的重要落脚点之一。因此，在教学中要善于抓住各种有利时机，创造性地使用教材，让学生常估算、多交流，形成较强的估算能力，逐渐养成良好的估算习惯，从而增强学生的数感。

例如，一本儿童画册书12元，全班48人，如果每人买一本，大约需要多少钱？

在估算过程中，有的学生认为："10×50=500，估计在500元左右。"有的学生认为："10×48=480，不到500元。"还有的学生说："12×50=600，肯定比500元多。"

……

对于这些方法，教师都应该加以鼓励，并为他们提供合作交流的机会，让

他们在相互交流中，比较各种算法的特点。这时，教师可追加一个条件："如果全班统一购买，老师要准备多少钱？500元，还是600元？"

学生再通过准确计算12×48=576（元），认定应该准备600元较合适。

教师的追问可帮助学生不断完善自己的估算方法，逐步发展估算的意识和策略，从而将估算内化为一种自觉、自主的意识，进而形成一种习惯。

四、把握数与形的结合，建立良好数感

著名数学家华罗庚说过，数与形本是相依，焉能分作两边飞。数缺形少直觉，形少数时难入微。在建立数感的过程中，教师要善于引导学生用线段、图形、表格、图像等去描述所发现的数学知识及其联系，建立起数形合一的表象，促进数感向更高水平发展。

例如，出示题目：

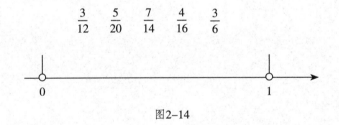

图2-14

师：上面哪些分数在直线上能用同一个点表示？把这些分数在直线上表示出来。

生1：我觉得 $\frac{7}{14}$ 和 $\frac{3}{6}$ 在直线上能用同一个点表示。

生2：我认为 $\frac{3}{12}$ 、 $\frac{5}{20}$ 、 $\frac{4}{16}$ 在直线上也能用同一个点表示。

师：为什么？

生3：我是通过画图发现的。

生4：我是根据分数的基本性质得出的。

"数形结合"显然是有助于学生理解此类问题的有效途径。通过借助直线图形，学生在全方位、多角度思考过后，能独立地用多种策略对此类问题进行

充分的解释，明确这些表面上分子、分母各不相同，实则是大小相等的分数。在小学数学教学中充分利用数形结合，将枯燥的数量与直观的图形结合起来，达到"以形助数"或"以数辅形"，促进学生的数感向更高水平发展。

数感的形成是一个渐进的、沉淀的、潜移默化的过程，需要长时间的体验才能建立起来。教师应在数学教学活动中，创造性地运用教材，把握建立数感的结合点，帮助学生形成良好的数感。

第三篇

小学数学自主发展的

教学实践

"集合"教学设计

一、教学内容

人教版小学数学三年级上册第九单元《数学广角——集合》P104~P105。

二、思考和提出的问题

1. 如何借助维恩图的产生、完善和表征的过程，感悟模型、集合等数学思想，培养数学学科素养？

2. 如何结合数学学习渗透统计、科学和人文等方面的知识，培养学生的核心素养？

三、磨课要点

1. 知识起点：学生在低年级已经接触过集合思想，但接触更多的是一一对应的思想和用列举的方法来解决集合问题。而没有将一个集合元素圈出来的经验积累。

2. 已有生活认知：生活中有许多常见的重叠现象，自然界中也有许多常见的重叠现象。

3. 思维特点：学生之前只掌握一个个单独的集合图，而这节课所要学习的是含有重复部分的集合图，学生并未接触过。而低学段学生的数学思维以形象思维为主，让学生对重叠现象进行数学抽象是有困难的，教学中可以让学生用不同的方法解决问题，从而寻找最佳的解决办法来帮学生理解维恩图。

四、教学目标

1. 了解简单的集合知识，借助维恩图1，运用集合的思想方法来解决简单的实际问题。

2. 在独立思考、互助合作的学习过程中，感悟集合的数学思想、感受集合的意义、提升解决数学问题的能力。

3. 增强合作学习的意识，增进学习的兴趣。

五、教学重难点

1. 教学重点：利用集合的思想解决简单的实际问题。

2. 教学难点：理解维恩图的产生过程，运用集合的思想方法并能解决简单的实际问题。

六、教学准备

多媒体课件、名字贴等。

七、教学过程

（一）现场调查，提出问题

1. 选一选

出示：唱歌和跳舞两张图片。

提问：图上的小朋友在干什么？唱歌和跳舞，你喜欢哪一种？有没有两种都喜欢的？有喜欢其他的吗？

全班共分4组，由于时间关系，教师只请第二组小朋友参加调查。（第二组的小朋友排队参加调查。课前给第二组的小朋友编号，并报数。）

小朋友们先排好队，再一个接一个来。

喜欢哪一项就在哪一项下面写上自己的号码。

如果两项都喜欢的，就分别写一个自己的号码。

如果两项都不喜欢，就不用排队。

2. 数一数

喜欢唱歌的小朋友有多少人?

喜欢跳舞的小朋友有多少人?

照这样计算,喜欢唱歌的和喜欢跳舞的一共有多少人?

你发现了什么情况?

请喜欢唱歌和喜欢跳舞的小朋友都站起来。

我们一起来报个数:看看喜欢唱歌和喜欢跳舞的到底有多少人。

为什么两次统计的人数不一致呢?

原来有的人两项都喜欢,人数重复了!(板书:重复)

哪几个人重复了?(在黑板上标出重复的序号)

也就是有的小朋友既喜欢唱歌又喜欢跳舞。(板书:既……又……)

设计意图:通过现场调查,发现生活中的"重复"现象,提出有价值的数学问题,渗透统计知识,初步感知"集合"思想。

(二)讨论交流,分析问题

议一议:

(1)讨论:有什么办法既能表示出总人数,又能看出重复的人数?

(2)汇报:说一说你的想法?你能上来用手比画一下吗?

如果喜欢唱歌的小朋友用一个椭圆来表示。

两项都喜欢的小朋友该怎么表示呢?(用中间交叉的部分来表示。)

(3)小结:在数学上,我们把喜欢唱歌的小朋友看作一个整体,叫作一个集合。把喜欢跳舞的小朋友看作一个整体,也就是一个集合。今天我们就来研究"集合"。

设计意图:通过放手让学生自主探索,思考解决问题的方法,体会解决问题的多样性。再通过互助、合作学习,完成了完整的维恩图的创作。让学生感受"数形结合""优化"和"集合"的数学思想。

（三）优化表征，主动建构

1. 介绍维恩图

你知道吗？集合圈还有一个名字叫维恩图。（播放录音）

2. 读图

我们一起把维恩图搬到大屏幕上去。（根据学生回答逐步系列）

游戏：心中有数

一个小朋友用手比划出指定区域，其他小朋友说出相应区域的表示的意思。图中三个部分表示什么意思？如，只喜欢唱歌的有（　　）人。

图3-1

追问：集合圈外表示什么？

3. 列式

怎么求"喜欢唱歌和跳舞的一共有多少人"？还有其他解法吗？四种解法，示例：

解法一：5+3-2=6（人）

解法二：3+2+1=6（人）

解法三：5+1=6（人）

解法四：3+3=6（人）

设计意图：理解集合的意义和表征，能用不同的方法解决集合的问题，培养思维的深刻性和灵活性。

（四）灵活应用，解决问题

1. 动物运动会：把动物的序号填写在合适的圈里。

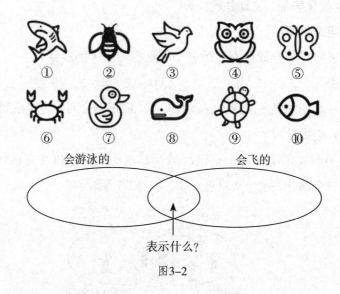

图3-2

2. 奖品猜猜猜：教师准备了几种奖品？

奖品盒1
有4种奖品

奖品盒2
有3种奖品

图3-3

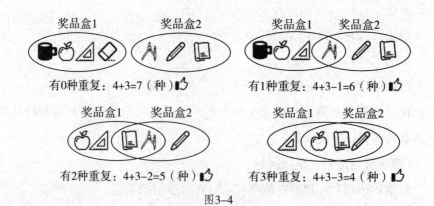

奖品盒1　　　　奖品盒2
有0种重复：4+3=7（种）👍

奖品盒1　　　　奖品盒2
有1种重复：4+3-1=6（种）👍

奖品盒1　　　　奖品盒2
有2种重复：4+3-2=5（种）👍

奖品盒1　　　　奖品盒2
有3种重复：4+3-3=4（种）👍

图3-4

设计意图：通过"动物运动会"和"奖品猜猜猜"的练习，把数学知识的巩固、应用、提升和趣味情境相结合，激发学习兴趣，进一步内化新知，让不同水平的学生在数学上得到不同的发展。

（五）畅谈收获，总结提升

今天我们学了什么？你有什么收获？

设计意图：引导学生从知识与方法两方面进行总结和梳理，学会回顾与反思。

（六）板书设计

集　　　　合

重复　　维恩图　　既……又……

唱歌的　　　　　　　　跳舞的

"平行四边形的面积"教学设计

一、教学内容

人教版小学数学五年级上册P86~P88。

二、思考和提出的问题

1. 探索平行四边形面积计算公式。

2. 通过三角形的面积公式，通过转化的思想学习平行四边形面积的计算公式。

3. 正确运用公式计算平行四边形的面积和数学的转化思想。

三、磨课要点

1. 知识起点：平行四边形面积的计算是在学生已经掌握并能灵活运用长方形、正方形面积计算公式，理解平行四边形特征的基础上进行教学的。学生已经初步学会了长方形、正方形的面积计算公式，懂得用学过的面积公式计算以前学过的图形和组合图形的面积。

2. 已有生活认知：学生掌握了平行四边形的图形特征，在长方形、正方形面积计算的基础上学习。会计算简单的组合图形的面积，会把一个组合图形分解成已学过的平面图形，进一步认识平行四边形的特征。

3. 思维特点：结合具体教学情境，平行四边形的面积先借助数方格的方法得到，再将平行四边形转化为一个长方形推导出计算公式。结合实际问题的解决，培养学生灵活运用多种策略解决问题的意识和能力，促进学生空间观念发展，渗透转化、等积变形等数学思想方法。

4. 过程与方法：通过创设情境、探索规律、动手操作和巩固应用四个环节的教学，引导学生完整经历一个"观察—猜想—操作—探究"的学习过程。教学中，呈现两种操作方法：一种是数格子方法，数出这个平行四边形的面积；另一种是通过剪与拼的活动，借助转化的思想，把"未知"的平行四边形转化为"已知"的长方形，然后计算其面积。最后学以致用，用字母表示平行四边形的面积公式，在实际问题中真正掌握平行四边形面积公式的计算方法。教学中，给学生足够的时间和空间，让学生通过小组合作去剪拼，充分发挥学生的智慧，然后让小组成员去讨论，每个学生都有参与数学活动的机会，真正使学生在动手中学习，在动手中思考，积累数学活动经验，不仅知其然，而且知其所以然。

四、教学目标

1. 探索并掌握平行四边形的面积计算公式，会应用公式解决相关的实际问题。

2. 通过操作、观察、比较，发展学生的空间观念，体会转化的数学思想，培养学生分析、综合、抽象、概括和解决实际问题的能力，形成勤于动手、乐于探究的学习精神。

五、教学重难点

1. 教学重点：探索并掌握平行四边形的面积计算公式。

2. 教学难点：运用转化的方法，探索平行四边形的面积计算公式。

六、教学准备

多媒体课件、平行四边形卡片、剪刀、方格纸。

七、教学过程

（一）情境导入，揭示课题

1. 这是一幅街区图，请同学们认真观察：你发现哪些图形？你会计算哪些图形的面积？

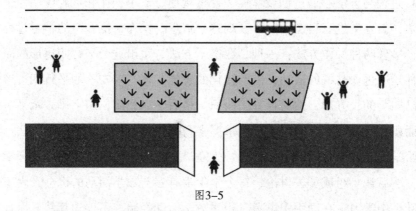

图3-5

（板书：长方形的面积=长×宽）

2.学生汇报：学校大门前的两个花坛是什么形状？

3.猜一猜，图中长方形花坛和平行四边形花坛的面积，哪个比较大？

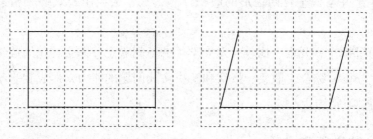

图3-6

4.思考：你是怎么想的？怎么知道它们的面积相等？

师：你会用什么方法计算平行四边形的面积？

5.揭示课题：（板书课题：平行四边形的面积）

设计意图：让学生猜测两个花坛的面积哪个比较大，进而激发学生尽快探寻出平行四边形面积的计算方法，充分调动了学生主动探索的积极性，为下面的探究活动做了铺垫。

（二）验证猜测，发现新知

1.同桌合作，数一数。

温馨提示：在图3-6中，先数整格的，再数不足一格的；每个方格表示$1\,cm^2$，不满一格的按半格计算。

表3-1

平行四边形	底	高	面积
长方形	长	宽	面积

2.汇报结果，实物投影展示学生填好的表格。

3.观察表格的数据，你发现了什么？

4.归纳：通过学生观察表格的数据，发现平行四边形面积等于底乘高。

设计意图： 由长方形可用数方格方法求出面积，得出平行四边形面积也可用这种方法求出，学生很有兴趣去数，且从中发现平行四边形与长方形之间的联系，为下一步探究提供了思路。

（三）动手操作，验证新知

1.引导：通过数方格求出平行四边形的面积。但如果平行四边形很大，比如求平行四边形菜地的面积，能用数方格的方法吗？（不行）那么，我们一起寻找更简便的计算平行四边形面积的方法。

2.推导计算方法。

（1）思考：能把平行四边形转化成以前学过的图形吗？怎么剪拼？沿着什么剪？请同学们试一试。

（2）动手操作，尝试剪拼。

同桌合作，用课前准备的平行四边形和剪刀进行剪拼，教师巡视指导。

（3）展示结果，演示方法。

展示：学生展示"剪—平移—拼"的过程及结果。

演示：教师用课件演示其中较为典型的三种方法。

让学生观察平行四边形转化成长方形的关键是沿着它的高剪开。

（4）观察比较，推导公式。

我们已经把一个平行四边形变成了一个长方形，请同学们观察拼出的长方形和原来的平行四边形，你发现了什么？

出示讨论题，小组讨论：

① 拼出的长方形和原来的平行四边形比，面积变了没有？

② 拼出的长方形的长和宽与原来的平行四边形的底和高有什么关系？

③ 能根据长方形面积公式推导出平行四边形面积的计算公式吗？

小组汇报，教师归纳：

因为　　　　　　长方形的面积=长×宽

$$\parallel \qquad \parallel \quad \parallel$$

所以　　　平行四边形的面积=底×高

$$S \qquad = a \times h$$

（4）用字母表示。

（5）计算平行四边形的面积，需要知道平行四边形的哪些条件？

3.验证猜想

（1）现在你会计算平行四边形花坛的面积了吗？

已知平行四边形花坛的底是6米，高4米，面积是多少？（出示课件）

生：$S=ah=6 \times 4=24$（m^2）

设计意图：由数方格的发现，到点拨学生把一个平行四边形转化成一个长方形，学生能很快并准确地将一个平行四边形剪拼成一个长方形，并通过观察、比较、分析，推导出平行四边形的面积计算公式也就水到渠成。这不仅锻炼了学生的动手能力，还训练了学生比较、分析、推理的思维，使学生能深切领会"计算公式"的由来。

（四）巩固应用，强化新知

1.利用公式计算下面平行四边形的面积。

2.一个平行四边形的停车位底长5米，高2.5米，它的面积是多少？

3.下面计算平行四边形的面积正确的方法是（　　　　　　　　　　　）。

4.有一个平行四边形，它的面积是24平方分米。请你猜一猜：它的底和高各应是多少？看谁猜出的答案最多。

设计意图：应用学到的平行四边形面积计算公式，解决实际问题，进行一个错题辨析，通过层次分明的应用练习，让学生更加准确地理解平行四边形面积的计算公式，深切体验数学的应用价值，提高学生学习数学的信心。

（五）全课总结

今天我们新掌握了哪些知识？你是用什么样的方法得到平行四边形的面积计算公式的？

设计意图： 全面回顾整节课内容，帮助学生梳理本节课内容，抓住要点，加深记忆，可培养学生良好的学习习惯。

（六）板书设计

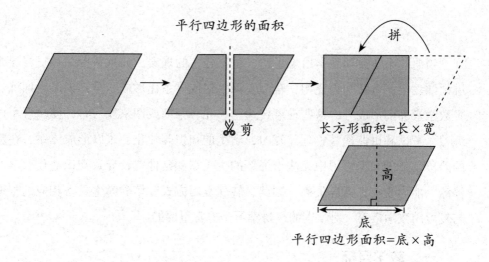

"大数的认识"复习课

当前的小学数学教学出现了"三重三轻"的现象，如重新授课轻复习课或讲评课教学；重新知识建构，轻旧知识重建或体系化形成；重知识能力训练，轻数学素养的形成等，这些现象传递至单元、半期或期末复习时，便出现了以练习、考试和讲评代替整理与复习，学生的知识碎片化，难以形成体系，在新的阶段、新的知识学习中无法形成新的生长点和延伸点，导致知识僵化、学习停滞、能力受挫，素养失衡。因此，转变复习方式，培养学生具备相应的整理与复习的数学素养，对学生的终身学习是非常重要的。

一、教学目标

1. 学生能借助一定的形式来梳理"大数的认识"的内容，沟通知识之间的联系，构建相应的知识体系。

2. 通过综合练习，学生进一步掌握"大数的认识"的各个知识点，对数的读、写、组成、比较等各知识点进行系统的训练。

3. 通过整理与复习，培养会读、会看、会写、会想、会用的"五会"能力。

4. 让学生感受到数学知识与实际生活的紧密联系，激发学习数学的兴趣。

二、教学重难点

1. 教学重点：对数的读、写、比较等知识进行回忆与综合训练。

2. 教学难点：沟通知识之间的联系，建构完整的知识体系。

三、教学准备

课件、一套数字卡片（分别是四个0和一个2、两个8）。

四、教学过程

（一）全面梳理，整体建构

1.集体回忆，再现知识。

师：同学们，今天我们准备复习什么知识？（板书课题：大数的认识复习课）关于大数你能回忆起哪些知识？（根据学生的回答，逐步出示：数位顺序表、十进制计数法、数位、数级、计数单位、大小比较、四位一级、四舍五入、读法、写法、改写、省略……）"大数的认识"涉及的概念特别多。这些知识有点乱，关系也不够明确。你有什么办法让这些枝叶重新长到树上吗？（用"智慧树"进行整理，让枝叶重新长到树上，主干和枝叶要分清楚）（板书：智慧树）

2.自主梳理，沟通联系。

要求：学生在回忆的基础上，尝试绘制知识网络图（智慧树：可能是括号式、连线式和卡通式等）。

知识点
- 数位顺序表：计数单位、数位、数级、十进制计数法……
- 数的读法
- 数的写法
- 数的大小比较
- 整万、整亿数的改写
- 用"四舍五入"法求近似数

3.画"智慧树"，构建知识网。

师："智慧树"分清了主干和枝叶，帮助我们梳理了所学知识。这么多知识点，你认为应该先复习哪个知识点？为什么？（先复习数位顺序表，因为它是学习其他知识点的基础。）

设计意图：教师根据学生的回忆逐步呈现学过的知识点，再让学生把这些零乱的知识点，利用"智慧树"厘清知识间的相互关系，形成相应的知识网络，最后让学生根据自己的思考自主选择先要复习的内容。通过"智慧树"的整理，引领学生寻找知识之间的联系，抓住知识体系的生长点，形成有意义的"知识网络"，构建完整的知识架构，完善学生的认知体系，促进学生对知识的整体把握和理解。

（二）系统复习，立体建构

1.复习数的基本概念和数位顺序表。

（1）计数单位

师：人类认识数总是从计数开始的。计数时通常最先数什么数？通常最先数1。像这样用来表示物体个数的1，2，3，……都是自然数。1是自然数的基本单位。比1小的自然数是几？

生：是0。

师：0是最小的自然数，表示一个单位也没有，有没有最大的自然数？

生：没有，自然数的个数是无限的。

师：1是一个计数单位，也写着"个"。你能按顺序说出其他的计数单位吗？还有更大的计数单位吗？

生：有。

（板书：自然数　0　1　无限的）

师：仔细观察，这些计数单位，它们之间有什么关系？（相邻的两个计数单位间的进率是十）

师：对，相邻的两个计数单位间的进率都是十。像这样相邻的两个计数单位的进率都是十的计数法叫作十进制计数法。和"万"相邻的两个计数单位分别是什么？和"亿"相邻呢？（板书：十进制计数法）

设计意图："计数单位"是构成"数"的基本概念，对于数的认识具有重要的意义。因此，在复习"计数单位"这一环节中，教师先借助问题引领学生，强化学生对"数位"的认识。在此基础上，教师和学生一起构建了部分"计数单位"，并回顾了"计数单位之间的关系"，适时提升概括，使学生的复习活动不仅停留在简单的再现层面，而且在复习巩固旧知识的过程中强化对知识的理解，培养了学生的概括能力。

（2）数位

师：在用数字表示数的时候，这些计数单位必须按照一定的顺序排列，它们所占的位置叫作数位。比如：计数单位"个"所占的位置就叫作"个位"，"十"所占的位置叫作"十位"。你能按顺序说出其他的数位吗？数位和计数单位一样吗？怎么区别？（在具体写法上，数位实际上就是在计数单位后面添上"位"字，如"万"是计数单位，而"万位"为数位。）

（3）数级

我国传统的计数习惯是"四位一级"，个位、十位、百位、千位为"个级"，万级包含哪些数位？亿级呢？（板书：四位一级）

（4）数位顺序表

如果加上一个表格，这个表格叫什么？（数位顺序表）

师：数位顺序表必须熟记于心，因为这是我们读数、写数的基础。

设计意图：计数单位、数位、数级是构成数的基本元素，也是构成"数位顺序表"的重要组成部分，是大数的认识中读数、写数等学习的重要基础。因此，在这一环节中，教师和学生又一次经历了"数位顺序表"的形成过程，不仅加深了学生对"数位及数位顺序表"的理解，还辨析了概念之间的区别与联系，强化了数位顺序表的记忆和应用。

2.复习读数、写数、数的组成及数的大小比较。

（1）读数：5000505000

①先说出每个5分别表示什么？再读出这个数。

②说一说读数要注意什么？（难点是0怎么读）

（2）写数：四百亿零四十万四千

①用阿拉伯数字写出这个数，再说一说写数要注意什么？

②读数与写数有什么相同点吗？

③关于读、写数你有什么需要提醒同学们的呢？

设计意图：本环节分别设计了只由0和5或0和4组成的大数，目的是突出读、写数的难点在于关于0的读、写。通过学生自主读写、自主辨析、自主检查和自主总结读、写数的方法、易错点，将读、写数，特别是有0的数的读、写法这一难点的训练落到了实处，从而加深了学生对读数方法的理解，提升了读、写数的技能，构建起完整的知识结构。

（3）大小比较：

①在〇里填上＞、＜或＝。

       5000505000〇40000404000   58040000000〇58000040000

②说一说怎样比较数的大小。

3．复习"改写"与"近似数"。

（1）改写

师：生活中有很多大数，如下面语句中的数。

我国每年生产和丢弃的一次性筷子达45000000000双，需要砍伐25000000棵树。

①读一读，再把上面的数改写为用"万"或"亿"作单位的数。

②说一说，改写为用"万"或"亿"作单位的数要注意什么？

（板书：准确写数）

（2）省略

第六次人口普查登记的全国总人口为1339724852人。

①上面的数省略亿位后面的尾数，求出近似数。

②怎样用"四舍五入"法求近似数？

（板书：近似数）

设计意图：欣赏"生活中的大数"目的在于，一是，通过直观的视觉刺激加深对抽象的符号化的大数的理解，引领学生感受大数在生活中的应用，真切体验数学与生活的联系，增进对数学知识及其学习的亲切感，适时进行了德育渗透；二是，巩固对"近似数"与"准确数"的辨析和理解，培养了数感，同时，强化了求近似数的一般方法——"四舍五入"法，对方法的适时提升有助于学生后续知识的学习。

（三）综合应用，强化理解

1．填一填。

90180000是一个（ ）位数，最高位是（ ）位，8在（ ）位上，表示8个（ ），改写成用"万"作单位是（ ）万，省略"亿"后面的尾数约是（ ）亿，减去（ ）是最小的自然数。

2. 摆一摆。（288是漳县实验小学的门牌号）

如图3-7所示，用七个数字做组数游戏。（每个数只能用一次）

| 2 | 8 | 8 | 0 | 0 | 0 | 0 |

图3-7

（1）组成一个最小的七位数（　　　　　　　　）。

（2）组成一个最大的七位数（　　　　　　　　）。

（3）组成一个0都不读的七位数（　　　　　　）。

（4）组成只读一个0的七位数（　　　　　　　）。

（5）组成读出两个0的七位数（　　　　　　　）。

（四）归纳总结，完善认知

要求学生回忆：这节课都学了哪些知识？有什么收获？你最高兴的是什么？

设计意图：为了帮助学生建立完整的知识架构，以提问的形式引导学生回顾本节课的学习历程，关注学生学习的情感体验，从而实现新课程要求的三维目标的整合。

"植树问题" 教学设计

一、教学内容

人教版义务教育教科书数学五年级上册P104~P106。

二、思考和提出的问题

1. 如何从结构化视角对"只栽一端""两端都栽""两端都不栽"三种情况进行整体建构，形成模型意识，培养学生发现和提出问题，分析和解决问题的能力？

2. 如何利用"数学广角"培养学生核心素养，会用数学的眼光观察现实世界、用数学的思维思考现实世界、用数学的语言表达现实世界？

三、磨课要点

1. 教材逻辑起点：学生已有画线段图基础及常见摆盆花、锯木头、爬楼梯等生活经验。

2. 学生学习起点：一是现实中的生活情境体验，它能帮助学生建立植树问题的具体表象；二是具有一定的画图理解题意解决问题的能力。

3. 终点：渗透有关植树问题的一些思想方法，通过现实生活中一些常见的实际问题，借助线段图等手段让学生从中发现一些规律，抽取出其中的数学模型，然后再用规律来解决生活中的简单实际问题。

4. 思考：根据生活经验，会用除法解决求"间隔数"问题，栽下"知识树"；结合具体情况，培养学生运用数形结合的方法，重点强调横向对比，让学生体会植树问题的"两端都栽""只栽一端""两端都不栽"三种模型的应用——把环形种树转化成"只栽一端"的模型等，种的是"思想树"；结合情境，逐步建构"棵数=间隔数+1""棵数=间隔数""棵数=间隔数−1"这三种植树问题模型相应的解决策略。尝试进行整体教学，使学生懂得根据具体情境对商进行灵活处理，培养学生具体问题具体分析的能力，并在解决问题的过程中形成解决问题的一般策略，种的是"整体树"。整节课从零散的具体问题上升到一类"植树问题"，学生的思维得到一定发展，能力得到相应的提升。

四、教学目标

1. 在具体情境中抽象出植树问题，理解植树问题是用除法解决问题的一种特殊情况，逐步建构"两端都栽：棵数=间隔数+1；只栽一端：棵数=间隔数；两端都不栽：棵数=间隔数—1"的植树问题模型。

2. 运用数形结合的思想理解并判别具体情境的问题模型，学会结合具体情境对商进行灵活处理，进而解决植树问题。

3. 让学生感受数学在日常生活中的广泛应用，掌握具体问题具体分析的原则，提高学生的应用意识和解决实际问题的能力。

五、教学重难点

1. 教学重点：理解并建构"两端都栽""只栽一端""两端都不栽"三种情况的"植树问题"数学模型。

2. 教学难点：准确判别三种不同情况的"植树问题"数学模型。

六、教学准备

课件、作业单。

七、教学过程

（一）创设情境，感知模型

1. 认识"间隔"。

出示地名（漳平），仔细观察，这两个字之间有什么？（一个空格），是的，在数学上，像这样的空格我们叫作"间隔"（板书）。

2. 感知"关系"。

出示校名（漳平市实验小学）的不同排法。

第一种，7个字6个间隔，字数和间隔数之间有什么关系？（字数比间隔数多1）

第二种，7个字8个间隔。你发现什么？（字数比间隔数少1）

第三种，环形。7个字7个间隔。你有什么想说的吗？（字数和间隔数数量相等）

3. 揭示课题。

看来，字数和间隔数之间的关系有点儿复杂，而且大有学问。

今天，我们就一起来学习和间隔数有关的问题——"植树问题"。

设计意图： 从校名入手，初步认识并理解间隔的意义，初步感知植树的三种模型，为后面的教学奠定基础。

（二）自主探索，建立模型

1. 提出问题。

同学们在长20 m的小路一边植树，每隔5 m栽一棵，一共要栽多少棵树？

（1）审题：你发现哪些信息？要求什么问题？"每隔5米栽一棵"是什么意思？

（2）猜测：

猜一猜，要栽多少棵？5棵？4棵？3棵？你是怎么想的？

2. 动手操作。

你想怎么栽，把想法在练习纸上写一写，画一画。

3. 合作交流。

教师收集学生作品，分类展示，并在板上演示栽树的三种不同情况。

第一种情况：两端都栽。一共栽了5棵。学生在白板上演示，从头开始栽，先栽1棵，隔5米再栽1棵，隔5米再栽1棵，隔5米再栽1棵，隔5米再栽1棵。

强调开头有1棵，结尾也有1棵。——对应后最后还剩1棵树苗，所以4个间隔5棵树。（一一对应的方法）

师：如果列式计算怎么求？

生：20÷5=4（个），4+1=5（棵）。

师：有问题吗？（为什么要用4+1？）

预设：因为从头开始栽，一一对应后结尾多了1棵树苗，要把这1棵加上，所以是4+1=5（棵）。

第二种情况：只栽一端。一共栽了4棵。

学生在白板上演示，从头开始栽。

结尾不栽。4个间隔4棵树。

列式：20÷5=4（个），4棵。

第三种情况：两端都不栽。一共栽了3棵。

学生在白板上演示，头尾都不栽。4个间隔3棵树。

列式：20÷5=4（个），4−1=3（棵）。

师：为什么要减1呢？这就是我们今天要研究的植树问题的三种情况。

4.归纳总结。

（1）归纳。

两端都栽：棵数=间隔数+1

只栽一端：棵数=间隔数

两端都不栽：棵数=间隔数−1

（2）辨别。

大家回忆一下，课前展示的校名，分别属于"植树问题"中的哪一种情况呢？

设计意图：通过整体教学"植树问题"三种不同的情境中所需棵数的不同引发争议，引导学生结合实际情境理解份数相同而棵数不同的现实意义，进而抽象出"两端都栽""只栽一端""两端都不栽"三种植树模型及其对应的用"棵数=间隔数+1""棵数=间隔数""棵数=间隔数−1"表示不同的结果。渗透了数形结合思想、模型思想和具体问题具体分析的方法。

（三）变式练习，活用模型

1.灵活应用。

例：为了更好地绿化校园，要在长180 m的小路一边植树，每隔10 m栽1棵。这项任务由五年级3个班完成。一班先栽60 m，二班接着栽60 m，三班接着栽剩下的60 m。问各班分别栽多少棵。

如果把小路看作一个整体，一端栽一端不栽，棵数=间隔数：180÷10=18（棵）。

设计意图：运用所学的知识解决问题，巩固三种植树模型。

2.联系生活。

生活中还有哪些情况属于"植树问题"？

预设：摆盆花、列队、路灯、彩旗、楼层、钟声……

3.仔细辨析。

说一说下面的例子是"植树问题"的哪一种情况。

（1）厦门地铁4号线全长约39 km，相邻两个站点的距离约是1.3 km。4号线一共设多少个站点？

（2）一根木头长15 m，每5 m锯一段。需要锯多少次？

（3）在周长为8 m的圆形花坛周围，每隔2 m放一盆花，一共要放多少盆花？

（4）酒店里的大钟，5时敲5下，8秒敲完。10时敲10下，需要多长时间？

设计意图：在练习中，既要让学生明确是哪种情况，还要弄明白不同情境中的"间隔数"与"棵数"分别是谁，使学生感受虽然情境不同，但它们其实和"植树问题"的结构是一样的，都可以归结为同一个数学模型。

（四）总结收获，拓展模型

1.畅谈收获。

通过本节课的学习，有哪些收获？还有什么疑惑？

2.拓展延伸。

大家的收获可真多，课后请同学们用画线段图、具体问题具体分析等方法继续探索"植树问题"。

设计意图：回顾学习过程，学生从知识、思想、方法等方面谈了收获，有利于培养学生经常审视自己的学习状态和习惯，使学生进一步体会数学的规律美，展示在封闭图形上的植树情况，激发学生进一步探究的愿望和兴趣。

（五）板书设计

植树问题

两端都栽：棵数＝间隔数＋1

只栽一端：棵数＝间隔数

两端都不栽：棵数＝间隔数－1

（六）练习单

同学们在全长100 m的小路一边植树，每隔5 m栽一棵，一共要栽多少棵？

表3-2

总长	间距	示意图或线段图	间隔数	棵数	方案说明
20 m	5 m				

温馨提示：

1. 植树时可能出现哪几种情况？

2. 选个图案表示树（如 🌲 🌳 ……），请画出其中一种示意图。

3. 再把上表填写完整，想一想，棵数和间隔数有什么关系？

题　卡

八、教学反思

"植树问题"作为一节被众多名师演绎的经典课例，如何在借鉴优秀案例的同时有所突破，基于什么进行突破，这是本次研讨课最需要思考的事情。经过一段时间的学习、设计、磨课和反思，以课堂为镜、以学生为师，在同事的帮助下，克服了教学的困难和挑战，努力求得教学设想的实现。回顾这段时间磨课的经历，有以下几点感触。

（一）栽下"三树"——求有成

本节课力求种下"三棵树"。对于解决"植树问题"，五年级学生已有的基础包含三个方面：一是除法意义的理解，特别是包含除意义的理解；二是现实中的生活情境体验，帮助学生建立"植树问题"的具体表象；三是具有一定的画图理解题意和解决问题的能力。其中最原始而不失去重要性的地方就是除法的意义。因此，返回除法作为教学起点和知识的生长点，把"植树问题"作为除法解决实际问题的一个特例，种的是"知识树"；结合具体情况，培养学生运用数形结合的方法，重点强调横向对比，让学生体会植树问题的"两端都栽""只栽一端""两端不栽"三种模型及其类化，把环形公交线路设站点转化成"只栽一端"的模型等，种的是"思想树"；结合"招聘启示"情境，逐步建构"棵数=间隔数+1""棵数=间隔数""棵数=间隔数-1"这三种植树问题模型相应的解决策略。尝试进行整体教学，使学生懂得根据具体情境对商进行灵活处理，培养学生具体问题具体分析的能力，并在解决问题的过程中形成解决问题的一般策略，种的是"整体树"。整节课从零散的具体问题上升到一类"植树问题"，学生的思维得到一定发展，能力得到一定提升。实践证明，这种教学尝试是有效的、是成功的。

（二）"一课多磨"——为好课

这节研讨课一共试上了三次。第一次，解决教学设计思路的基本理念、基本框架和主要步骤。整体看是比较粗糙的，如学生的活动"我的设计"这一环节，任务不明晰、不具体，仅要求"把你的想法（植树方案）用线段图表示出来"。结果学生画的线段图中有不少同学画了两种或三种情况，教学环节难以继续。第二次，改进成增加情境"招聘启示"激发了学习兴趣，活动任务更明确具体"选定一种方案；用把你的想法用线段图画出来"。活动效果明显改善，但学生的作品较单调。第三次，进一步增加两点提示——"用你喜欢的图案表示树"和"根据设想的情形给方案起相合适的名称"。实践证明，三次的改进使学生活动的品质明显提升，设计的作品全面、完善、美观。因此，"一课多磨"为的上好一节课，问题是改进的方向，挑战最能历练人。

（三）"取长补短"——话借鉴

为了上好这节课，我认真观摩了特级教师俞正强、汪培新在不同时期上的植树问题这节课，也观摩了去年在我省举行的"华东六省一市课堂教学观摩研讨课"中，浙江省诸暨市暨阳小学郦丹老师上的课，参考了五年级"三长进课堂"时"植树问题"的公开课设计。同时认真学习了人教版及其他版本的教材及其要求。这些优秀教师对教材独特的视角和高水平的教学艺术我们很难复制，但他们课堂中的一些做法、一些亮点，则为我们提供一些可资借鉴的范例。如，我特别欣赏俞正强老师把"植树问题"的重点放在解决间隔数和分割点上，把难点放在对"植树问题"联系生活的"类化"上。我也十分佩服郦丹老师"退回知识的原点（除法）"找准知识的生长点，把"植树问题"还原成用除法解决实际问题的一个特别的事例，只是对所得的商根据不同的情况进行灵活地处理。经过思考，我确定从二年级下册的一步除法引入新课，突出本节课的数学本质——间隔数与棵数的关系；借助画线段图和摆一摆学具，引导学生对三种情况进行横向对比，从而归纳出"植树问题"的三种模型及其解答策略；通过大量的素材帮助学生将"植树问题"的三种模型进行类化，提高学生根据实际情况灵活地解决问题的能力。

一句话，上一节课不易，上一节好课更难，上一节精品课更是难上加难。全国特级教师俞正强常说，作为一名数学老师，自己一生都在追求两样东西：一是让学生喜欢上我的课，二是怎样不让一个学生落后。上完课后，好几名学生围着我，一名学生说："老师，我一直有举手，你都没叫我！"另一名学生说："我也是，我怕你没注意，还朝你眨了眨眼睛，你都不理我。"我的内心充满了幸福和感激。耕耘好三尺讲台，追寻隽永的教育过程，做能吸引学生的好教师，诠释好平凡的教育人生，这就是每一位教师真切拥有的教育情怀。

"圆的面积"教学设计

一、设计理念

本课采用问题解决的教学模式，从生活中常见的自动喷水的场景，引发学生发现和提出和圆有关和数学问题，通过自主探究加以分析和解决问题，培养学生的"四能"。让学生充分经历"剪拼—推理"的过程，把圆转化成近似的长方形，从而推导出圆的面积公式。学生在动手操作中自主探究圆的面积公式，感悟转化思想、极限思想和模型思想，培养学生"四基"。

二、教材和学情分析

圆的面积公式是学生在掌握长方形、平行四边形等平面直线图形面积计算的基础上，在认识圆的特征、圆的周长之后进行教学的，是小学阶段学习简单平面图形的面积，最后一项内容。教材从铺草皮的情境引入，直接给出可以把圆剪成若干（偶数）个近似的等腰三角形，拼一拼，你能发现什么？然后学生在操作的基础上发现近似长方形的长、宽与圆的周长、半径之间的关系，从而自主推导出圆的面积公式，解决铺草皮的面积及铺草皮需要多少钱的问题。学生利用转化的思想方法解决问题有一定的经验基础，但化圆为方对学生的认识极具挑战，其中把圆转化成近似的平行四边形、长方形的过程是学生空间观念不断形成和堆积的过程，是极限思想的感悟过程，发现近似的长方形的长、宽与圆的周长、半径的关系，推导出圆的面积公式，是模型思想的深刻体验，这些都是教学中必须加以关注和突破的。

三、教学内容

人教版小学数学六年级上册第五单元"圆的面积"P65—P72。

四、教学目标

1. 经历圆的面积计算公式的推导过程，掌握圆的面积计算公式。

2. 能正确运用圆的面积计算公式计算圆的面积。

3. 在探究圆的面积计算公式的过程中，体会转化的数学思想方法，初步感受极限的思想。

4. 激发学生学习数学的兴趣和热情，培养良好的数学探究习惯。

五、教学重难点

1. 教学重点：借助转化思想推导圆的面积公式。

2. 教学难点：借助几何直观理解极限思想。

六、教学准备

圆形纸片、剪刀、多媒体课件等。

七、教学过程

（一）创设情境，引入新课

1. 观看短片：播放喷水头正在给草地浇水的画面。

师：公园、运动场、小区安装有许多自动喷洒设备。

2. 提出问题。

师：你能提出一两个数学问题吗？

生1：喷水头浇灌了多大面积的草地？

生2：喷水头旋转一周喷洒的最大周长是多少？

生3：水洒了多远？

3. 引出课题：圆的面积

师：求水洒了多远？实际上是求圆的半径。

师：刚才有的同学看到喷水头旋转一周形成了一个圆，求浇灌部分的面积，实际上就是求圆的面积。

设计意图： 数学强调"从现实生活或具体情境中抽象出数学问题"体现了数学活动的"数学化"特征。本环节创设自动喷洒设备正在给草地浇水这一学生熟悉的情境，让学生发现和提出与圆有关的问题，为进一步分析和解决问题指明了方向，这有利于培养学生的问题意识。学生的情绪像平静的水面泛起浪花，急于想解决问题，对问题的思索在心中扎下了根，点燃了学生主动参与的热情，为进一步寻找解决策略指明了方向。

（二）自主学习，探究新知

1.探索思路，体会"转化思想"。

拼图游戏：

（1）思考：圆能不能转化成我们学过的图形？

师：怎么求圆的面积？以前我们研究一个图形的面积时，用到过哪些好的方法？平行四边形的面积公式是怎样推导的？

生：平行四边形可以通过剪拼转化成长方形求出其面积。

师：那圆能不能转化成我们学过的图形呢？让我们一起来玩一个拼图游戏。

（2）分一分，拼一拼：

师：把圆分成若干（偶数）等份，剪开后，用这些近似于等腰三角形的小纸片拼一拼，你能发现什么？

（3）展示：分别展示4等份、8等份、16等份的圆拼成的图形，请学生说说拼出的是什么图形。

设计意图： 圆是一种由曲线围成的图形，与学生头脑中熟悉的由直线段围成的图形（如长方形、平行四边形等）差别比较大，因此当教师提出"怎么求圆的面积"时，学生会感到很茫然。通过初次探究，学生可能产生了一些有价值的思路。即通过拼图游戏把圆和近似的平行四边形等进行相互转化，在转化的过程中发现：不管是转化成哪一种图形，它们的形状变了，但面积却没有变。拼图游戏沟通了知识之间的联系，促成了方法之间的迁移，达到渗透"转化"这一数学思想方法的目的。

2.确定方法，感悟"极限思想"。

（1）比一比。

师：同样是近似的平行四边形，谁拼的平行四边形更像些？

师：通过观察和比较，你有什么发现？

生：我发现平均分的份数越多，拼成的平行四边形越像！

师：如果要让拼成的图形更接近平行四边形，怎么办？

生：可以继续分下去，分成32份，64份，128份……

师：结果可能会是什么图形？

生1：更像平行四边形。

生2：长方形。

（2）看一看。

师：请计算机帮忙验证一下你的推测。大家看，老师在计算机上把这个圆平均分了32份，看拼成的新图形，你有什么发现呢？（课件演示）

师：把圆平均分成64份，拼成的图形有些像长方形了。大家想象一下，如果把圆分的份数再多些呢？

生：拼成的图形会更接近长方形。

师：大家请看屏幕（课件演示），把圆平均分成128份，拼成的图形看起来很像长方形了，分的份数再多呢？

生：简直就是长方形了。

（3）发现。

师：把圆剪一剪、拼一拼，得到的图形越来越接近长方形。这样就把求圆的面积转化成了求长方形的面积。我们把圆转化成了长方形，形状变了，什么没变呢？

生：面积。

师：求出了长方形的面积，也就求出了圆的面积，这种方法很好。

设计意图：学生沿着自主探究出来的思路继续研究时，一方面，从直觉上继续剪拼下去得到的图形一定会越来越像"平行四边形"，但最终能不能说就是"平行四边形"了呢？对处于小学阶段的学生来说，此时不免有几分困惑。在这里，教师有效利用学生探究出来的宝贵资源，围绕着"怎样更像"进行了一次又一次的追问，同时又引导学生在操作的基础上进行想象，再充分利用课件的适时演示，延续操作与想象的过程，让学生真切地看到了"自己想象的过程"，充分地体验了"极限思想"。

3.推导公式，体验"模型思想"。

（1）合作探究。

师：根据学习单上的示意图（略），小组合作讨论——这个近似的长方形的长和宽与圆的周长、半径有什么关系？并把讨论的结果填在学习单上。

（2）汇报交流。

师：这个近似的长方形的长和宽与圆的周长、半径有什么关系？你是怎么想的？（借助课件演示帮助学生重点理解长方形的长近似于圆周长的一半。）

设计意图：在再次探究中，学生借助学具进行动手操作，明晰了求圆的面积的方法。操作对于小学生学习数学是必不可少的手段和方法，但数学思维的特点是要进行逻辑思考和推理。因此在这里，教师用下面的这句话"这个近似的长方形的长、宽与圆的周长、半径有什么关系"把学生的思考引向深入。教师充分利用课本的示意图、圆形展开过程的演示、推理过程的讨论，正确地处理了操作与思维的关系，让学生明白了第三阶段的探究方式与方法，渗透了模型思想。

（3）自主推导。

师：有的小组迫不及待地想展示他们推导的结果了，我们一起来看看。

生1：把圆分一分、拼一拼，变成了长方形，它们的面积是相等的。长方形的长相当于圆周长的一半，即 $C \div 2 = 2\pi r \div 2 = \pi r$，宽相当于半径，用 r 表示。长方形的面积=长×宽，圆的面积= $\pi r \times r = \pi r^2$。

师：大家听清楚了吗？谁愿意再说一说。

（教师再请一个同学说自己的想法）

师：老师也听明白了，把圆转化成长方形，面积是相等的。长方形的长相当于圆周长的一半，宽相当于圆的半径，因为长方形的面积=长×宽，所以圆的面积= $\pi r \times r = \pi r^2$。现在要求圆的面积就很简单了，知道什么条件就可以求出圆的面积？（边讲边板书）

生：圆的半径。

师：知道了圆的半径，用 π 乘半径的平方就求出了圆的面积。

（4）感受文化。

了解刘徽的割圆术。

设计意图： 第三次探究结果的交流，教师让学生交流分享将圆转化成长方形求出圆的面积公式的方法，并针对性地就长方形的长近似于圆周长的一半进行课件演示，突破了教学难点和关键，学生通过对示意图和圆展开成近似长方形的演示过程的观察、分析，自主完成圆的面积公式推导，体会模型思想。设计"你知道吗"环节，让学生了解刘徽的割圆术，感受数学的灿烂文化，激发学生学习数学的兴趣。

（三）巩固新知，深化理解

1. 巩固：公园里的自动喷水装置的射程是10 m，自动喷水装置旋转一周喷灌的草地面积是多少平方米？（演示：从实物中抽象出圆再解答。）

2. 应用：圆形草坪的直径是20 m，每平方米的草皮8元。要将圆形草坪铺满草皮需要多少钱？

3. 小结：要求圆的面积必须知道什么条件？知道直径和周长能不能求出圆的面积呢？

设计意图： 本节课的主要目标是引导学生经历探究圆的面积公式的推理过程，让学生积累基本的数学活动经验，充分感悟基本的数学思想方法（即转化思想、极限思想和模型思想等），巩固圆的面积计算公式的基本计算。而有关求圆的面积的变式练习以及利用圆的面积公式解决实际问题的练习都安排在下一节课中。因此，本节课只设计了应用公式计算及解决实际问题，目的是巩固新知、加深学生对圆的面积公式的理解和掌握。

（四）总结收获，拓展延伸

师：这节课大家有什么收获？

生：我会求圆的面积了，公式是 $S = \pi r^2$。

师：这是知识上的收获，在解决问题的方法上有没有什么收获？

生：可以把圆转化成学过的图形，从而推导出圆的面积计算公式。

师：同学们不仅学会了怎样计算圆的面积，更重要的是能运用转化的方法，把圆转化成已经学过的图形，从而求出圆的面积。以后遇到新问题，大家都可以尝试一下，看看能否把它转化成已经学过的知识来解决。

设计意图：数学学习不仅是基础知识的学习和基本技能的掌握，更重要的是在参与圆面积公式的探究过程中，让学生积累基本的数学活动经验和基本的数学思想。课的最后，教师与学生一起回顾了本节课学到的数学知识，还一起回顾了解决问题的思想方法，体现了以能力为导向的课堂教学。

八、教学反思

"圆的面积"是在学生掌握了平面图形的面积公式的推导及其计算的基础上，在对圆的特征、圆周长的计算有一定的认识之后，对圆的进一步学习，属于"空间与图形"领域的内容。这节课在以下三个方面进行了探索，并达到了预期的效果。

（一）环环相扣，着力培养"四能"

苏霍姆林斯基说过，在人的心灵深处，总有一种根深蒂固的需要，这就是希望自己是一个发现者、研究者、探索者。在儿童的精神世界中，这种需要特别强烈。本节课上，通过"你能提出一两个数学问题吗""圆能否转化成我们学过的图形呢""怎样让转化后的图形与平行四边形更接近呢""这个近似的长方形的长、宽与圆的周长、半径有什么关系"几个环环相扣的问题，激发学生的探究欲望，引发了学生的学习兴趣。学生们根据自己的知识经验，自主探究，交流合作，大胆尝试，用自己独特的方式解决问题。

圆的面积这节课，以往的教学思路是：先复习已经学过的平行四边形等图形的面积公式推导过程及方法，然后设问"能不能把圆也剪拼成已经学过的图形来求它的面积呢"，其次用大量的时间让学生动手剪拼，重点放在圆与剪拼后的长方形的关系的理解上，最后是通过花样繁多的练习，形成学生的计算技能以及熟练地运用圆面积计算公式去解题。这节课的设计却是：首先，从生活中常见的喷水头给草地浇水的情境，让学生发现和提出和圆有关的问题，为进一步分析和解决问题指明了探究的方向，有利于培养学生的问题意识，能够从现实生活或具体情境中抽象出数学问题，体现了数学活动的"数学化"特征。其次，本课设计了三个层次的探索，即圆转化成学过的图形、平行四边形演变成长方形、圆面积公式的推导。教师把重心放在了让学生经历探索过程，体验数学思想方法等过程性目标上。最后，课末师生一起畅谈收获，教师不仅与学生一起回顾了本节课学到的数学知识，还一起回顾了解决问题的思想与方法，这体现了以能力为导向的课堂教学。

（二）层层递进，着力夯实"四基"

数学课标修订稿提出了"四基"的概念，数学教学不仅要重视"双基"——基础知识和基本技能，而且要重视获得适应社会生活和进一步发展所必需的数学基本思想和基本活动经验。"圆的面积"一课的设计充分体现了这一理念。三次探究活动，把学生推到了活动主体的位置上，把数学教学变成了数学活动。第一次探究活动，通过拼图游戏把圆转化成已经学过的平行四边形，得到了解决问题的思路，体会了"转化"思想的妙用。第二次探究活动，围绕着"使拼的图形更像平行四边形"开展操作、想象活动，充分体验了"极限思想"。第三次探究活动，学生借助数字、字母、符号等，运用数学的思维方式进行思考，成功地推导出圆的面积计算公式。在三次探究活动中，学生利用已有的知识和经验，进行操作、想象，进行交流与思维碰撞，他们经历过程与体验，积累了探究数学问题的经验，获得了研究数学问题的方法。实现了把基本活动经验和基本数学思想方法作为小学数学教学追求的终极目标。

（三）步步为营，着力达成目标

"圆的面积"一课根据教学内容的特点，充分利用学生现有的发展区——已学过用转化的方法学习过平行四边形、三角形和梯形的面积，创设最近发展区——出示自动喷水设备的现实情境，引出本课要研究的关键问题：喷水头旋转一周形成了一个圆形，求浇灌部分的面积，实际上就是"求什么图形的面积""什么叫圆的面积"以及"怎么求圆的面积"等。课上，教师给学生充分的探索时间和空间，将小组合作、独立思考、动手操作、课件演示和板书等各种教学手段有机结合，有效促进了教学目标的达成，提高了课堂教学的有效性。教学中，教师不仅关注学生知识与技能目标的达成，还关注学生获取知识的过程和方法，学生在经历知识的探索过程中，积累了基本的数学活动经验，感悟了数学思想方法，催生了积极的学习情感。其中，教师特别关注数学思想的"断点续存"，如教师在学生操作遇到困难，不能继续折下去和剪拼下去的时候，让学生进行想象，为了让学生充分体会"极限思想"，教师恰到好处地利用课件的优势，进行直观、动态的演示从4等份到128等份，学生几乎是脱口而出"已经是长方形了"，让学生印证自己想象的结果。

对于长方形的长与圆的周长的关系的理解，学生相对较困难。教师采用课件演示圆分解展开成近似长方形的动态过程，学生很轻松地理解了它们之间的关系，突破了教学难点和关键，为圆面积公式的推导奠定了认知基础。设计"你知道吗"环节让学生了解刘徽的割圆术，感受数学的灿烂文化，激发学生学习数学的兴趣。

教学是遗憾的艺术，任何课堂都值得推敲和商榷，本课也有很多需要改进的地方。如对教学情境的选择，原本打算采用教材铺草皮的情境，不过情境只是图片，不能够吸引学生的注意力，而改用自动喷水的情境，更能激发学生的兴趣，就问题解决而言先完成已知半径求面积，再解决已知直径求面积和铺草皮的价钱，显得更有梯度。

又如，按课本的要求要让学生先剪后拼，考虑到学生动手剪8等份或16等份难度较大，故修正为教师提供给学生4等份、8等份和16等份三种情况，改为先还原成圆形，再拼其他图形。从教材编排意图来说，学生少了等分圆这一操作经验的积累，令人遗憾。

再如，关于圆面积公式的推导环节，由于演示文稿制作的动态图片看不出圆转化成平行四边形由曲到直的过程，只有由曲到直的结果，对学生理解长方形的长近似于圆周长的一半无形中划了一道"鸿沟"，在磨课的过程中发现了这一问题，后改进为用flash软件制作圆展开为近似长方形的动态过程，同时用粗红线标识出来，在学生认识的"鸿沟"上架起一道认识的"桥梁"，突破了教学难点和关键，为学生的公式推导奠定了基础。

"圆柱与圆锥"的复习指导课

一、指导内容

人教版小学数学六年级下册第三单元"圆柱与圆锥"整理和复习，教材
P38~P39。

二、指导目标

1. 通过整理与复习，形成圆柱和圆锥的知识体系，培养学生的知识梳理能
力，进一步发展学生的空间观念。

2. 通过拓展与应用，培养学生运用圆柱和圆锥的知识灵活地解决问题的能
力，培养学生的应用意识。

三、指导重难点

圆柱、圆锥知识的整理，熟练、灵活地运用公式解决问题。

四、教学准备

多媒体课件等。

五、指导流程

（一）教材导读

1. 导入

师：同学们好！我是苏老师。今天，我们一起来学习人教版数学教材六年
级下册第三单元"'圆柱与圆锥'的整理和复习"（板书）。请同学们准备好

纸和笔。我们开始吧!

2．明确目标

（1）复习什么：

〖屏显〗这部分内容在课本P37~P38，主要包含五个部分，分别是圆柱的认识、圆柱表面积、圆柱体积、圆锥的认识与体积。概括起来就六个字——特征、公式、应用。

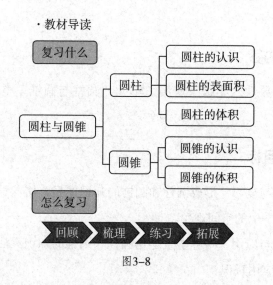

图3-8

（2）怎么复习：

师：本课我们准备按照"回顾—梳理—练习—拓展"四步行复习，希望同学们能够喜欢。

（二）学习指导

1. 回顾梳理

（1）复习图形特征。

师：圆柱和圆锥都有哪些特征?

①知识回顾：说说每类图形的名称和特征。

②知识梳理：这些图形可以分成两类，第1、2、6号图形是圆柱，第3、4、5号图形是圆锥。

说一说圆柱和圆锥都有哪些特征？按照名称、特征、高和图形运动四个方面整理成表3-3。

表3-3

图形	名称	特征	高	图形运动
h	圆柱	3个面，2个底面是完全相同的圆，侧面是曲面，沿高展开是一个长方形（或正方形）	无数条	
h O	圆锥	2个面，底面是1个圆，侧面是曲面，展开是一个扇形	1条	

复习圆柱和圆锥的高：圆柱上下两个底面圆心之间的距离叫作圆柱的高。通过动画演示，我们知道圆柱的高有无数条；从圆锥的顶点到底面圆心的距离叫作圆锥的高，圆锥的高只有1条。

复习图形运动：（播放微课）

圆柱的形成有两种方法：一种是以长方形的一条边为轴旋转一周而成的，另一种是由圆面垂直向上或向下移动而成的。

圆锥的形成是以直角三角形的一条直角边为轴，旋转一周形成的。如果换成以另一条直角边为轴旋转形成的图形，结果会怎样？下面老师考考你的眼力。

〖屏显〗连一连：上面一排图形旋转后会得到下面的哪个图形？

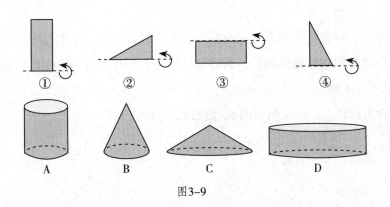

图3-9

你连对了吗？图形的旋转一看旋转轴（高），二看底面半径，如第②图所示。

（2）复习计算公式。

① 知识回顾

师：我们还学过圆柱和圆锥的图形计算公式，下面一起来回顾一下：

先来看看圆柱的侧面积公式是怎么推导的？圆柱侧面积公式的指导有两种方法：

〖屏显〗方法一：沿着圆柱侧面的一条高剪开，展开后是一个长方形，这个长方形的长是圆柱底面的周长，长方形的宽是圆柱的高，长方形的面积就是圆柱的侧面积。因为长方形的面积=长×宽，所以圆柱的侧面积=底面周长×高。

圆柱的侧面积公式推导：（方法一：沿着侧面的高剪）

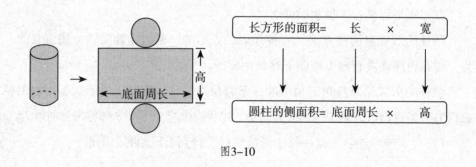

图3-10

方法二：沿着圆柱侧面的一条斜边剪开，展开后是一个平行四边形，平行四边形的底是圆柱的底面周长，高是圆柱的高，同样也可以推导出圆柱的侧面积=底面周长×高。

由此可以得出：圆柱的表面积=侧面积+底面积×2。

圆柱的侧面积公式推导：（方法二：沿着侧面的斜边剪）

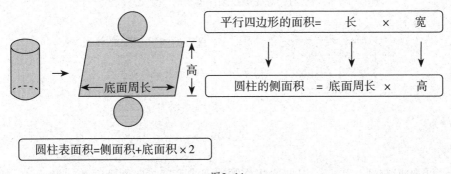

平行四边形的面积= 长 × 宽

↓ ↓ ↓

圆柱的侧面积 = 底面周长 × 高

圆柱表面积=侧面积+底面积×2

图3-11

圆柱的体积（边看边说，不能站在屏幕前）：看完微课，我们知道把圆柱的底面等分成若干个小扇形，再沿着高切开，可以拼成一个近似的长方体。这个长方体的底面积等于圆柱体的底面积，长方体的高等于圆柱的高，长方体的体积等于圆柱的体积。因为长方体的体积=底面积×高，所以圆柱的体积=底面积×高。

圆柱的体积公式推导：转化法（等积变形）

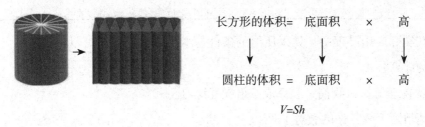

长方形的体积= 底面积 × 高

↓ ↓ ↓

圆柱的体积 = 底面积 × 高

$V=Sh$

图3-12

师：我们利用等积变形，通过转化的方法推导出圆柱体积计算公式。转化法是很重要的数学思想方法（板书：等积变形，转化法）。

在推导圆锥体积计算公式时，我们采用的是实验法（板书：实验法）。

〖屏显〗通过倒沙或水的实验，得出圆锥体积等于同它等底等高的圆柱体体积的三分之一，所以圆锥的体积=底面积×高×$\dfrac{1}{3}$。

圆锥的体积公式推导：实验法（倒沙或水）

圆锥的体积等于与它等底等高圆柱体积的三分之一。

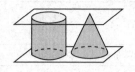

圆锥的体积=圆柱的体积$\times\dfrac{1}{3}$

$\quad\quad\quad$=底面积$\times$高$\times\dfrac{1}{3}$

$V_锥=\dfrac{1}{3}Sh$

图3-13

② 知识梳理：我们可以把这些公式整理成下表，以便理解和记忆。

表3-4

图形	侧面积	底面积	表面积	体积
	$S_侧=Ch$	$S_底=\pi r^2$	$S_表=S_侧+2S_底$	$V_柱=S_底h$
		$S_底=\pi r^2$		$V_锥=\dfrac{1}{3}S_底h$

在实际应用过程中，如果所给的条件是半径或直径，还可以进一步推导出其他的计算公式。

③ 配套练习：我们一起完成一组配套练习。

请填写下表，你的做对了吗？

表3-5

名称	半径	直径	高	表面积	体积
圆柱	5 dm		4 dm		
		2 m	0.7 m		
	20 cm		5 cm		

续 表

名称	半径	直径	高	表面积	体积
圆锥		2 dm	2.4 dm	——	
	0.5 m		4.5 m	——	

提示：做题时，一是记得写上单位，二是计算圆锥体积要记得乘三分之一。

2. 拓展应用

（1）基础练习

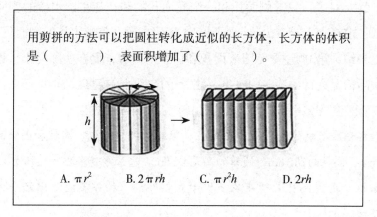

用剪拼的方法可以把圆柱转化成近似的长方体，长方体的体积是（　　　　），表面积增加了（　　　　）。

A. πr^2　　　B. $2\pi rh$　　　C. $\pi r^2 h$　　　D. $2rh$

图3-14

（2）配套练习1：

圆柱和圆锥的计算公式在生活中有着广泛的应用，请完成课本第37页的第3题。

小雨的水壶有一个布套，从外面量，底面直径长10 cm，高20 cm。

（1）做这个布套至少用了多少布料？

（2）一壶水够1.5 L吗？（水壶和布套的厚度忽略不计。）

① 求至少用了多少布料？就是求水壶的表面积，也就是求侧面积加上两个底面积的和。解答时要先求侧面积，再求底面积，最后求表面积，也就是至少用布的面积。

侧面积：$3.14 \times 10 \times 20 = 628$（$cm^2$）

底面积：$3.14 \times (10 \div 2)^2 = 78.5$（$cm^2$）

用布面积：628+78.5×2=785（cm²）

答：至少用785 cm²布料。

② 第二个问题，求这壶水够1.5 L吗？需要求出水的体积，解答时要注意单位换算。

3.14×（10÷2）²×20=1570（cm³）

1570 cm³=1570 mL=1.57 L

答：这壶水够1.5 L。

拓展：老师把题稍作改动：如果水壶顶部不用布套，求至少用多少布料应该怎么解答？对了，只求侧面积和一个底面积的和；如果给水壶的侧面贴上一圈装饰纸，求至少需要多少装饰纸呢？（稍停）对，只求水壶的侧面积。

师：小结：第3题主要练习表面积和体积的计算，而在实际应用过程中，还要根据实际情况进行解答，同时也要注意单位之间的换算。

（3）配套练习2：课本第37页的第4题

一种水稻磨米机的进料漏斗由圆柱和圆锥两部分组成。圆柱和圆锥的底面直径都是4 dm，圆柱的高2 dm，圆锥的高是4.2 dm。每立方分米稻谷大约重0.65 kg。

（1）这个进料漏斗大约能装多少千克稻谷？（稻谷不能超出漏斗上沿，得数保留整数。）

（2）如果稻谷的出米率是70%，一漏斗稻谷能磨出多少千克大米？

① 第一个问题：求这个漏斗最多能装多少千克稻谷？

仔细观察这个漏斗是什么形状？这是一个圆柱和一个圆锥的组合图形。底面直径4 dm，是谁的底面直径？对了，既是圆柱的底面直径，又是圆锥的底面直径。（课件演示）请你试着解答（稍停）。

我们一起来解答：先分别求出圆柱和圆锥的体积，再求出它们的体积和，最后根据每立方分米的稻谷重0.65 kg，求出稻谷的质量。（课件演示）

圆柱的体积：3.14×（4÷2）²×2=25.12（dm³）

圆锥的体积：$\frac{1}{3}$×3.14×（4÷2）²×4.2=17.584（dm³）

漏斗的体积：25.12+17.584=42.704（dm³）

最多能装稻谷的质量：42.704×0.65=27.7576（kg）

答：这个漏斗最多能装27.7576 kg。

② 第二个问题，根据稻谷的质量和出米率，求一漏斗稻谷能磨多少大米。

大米的质量：27.7576×70%=19.43032（kg）

答：一漏斗稻谷能磨19.43032 kg。

小结：生活中有些物体的形状是由两个或几个基本图形组合而成的，同学们要懂得综合、灵活地进行解答。

（4）拓展练习：

〖屏显〗最后由老师带领大家进入拓展空间，一起厘清圆柱和圆锥的等积变形关系。

当圆柱和圆锥等底等高时，圆锥体积是圆柱的 $\frac{1}{3}$，底面积与圆柱的底面积

相同；如果增加1个同样的圆锥，这时圆锥的体积是圆柱的 $\frac{2}{3}$，底面积总和是

圆柱底面积的2倍；如果再增加1个同样的圆锥，这时三个圆锥的体积总和与圆柱的体积相等，高也相等，底面积总和是圆柱底面积的3倍。由此可知，等积（体积相等）等高的圆锥的底面积是圆柱底面积的3倍。

圆柱和圆锥的关系对比。

① 等积等高：圆锥的底面积是圆柱底面积的3倍。

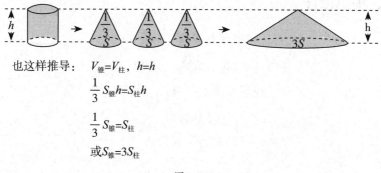

也这样推导：　$V_{锥}=V_{柱}$，$h=h$

$\frac{1}{3}S_{锥}h=S_{柱}h$

$\frac{1}{3}S_{锥}=S_{柱}$

或$S_{锥}=3S_{柱}$

图3-15

②等积等底：圆锥的高是圆柱的3倍（同上）。

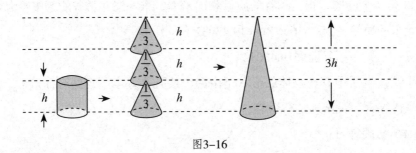

图3-16

表3-6

条件	关系
等底等高	圆锥的体积是圆柱体积的 $\frac{1}{3}$
等积等高	圆锥的底面积是圆柱底面积的3倍
等积等底	圆锥的高是圆柱高的3倍

〖屏显〗我们通过"等积变形"加深了对圆柱和圆锥的对比，课后同学们还可以利用体积公式进行推导。

3. 课后作业

今天这节课就上到这里，课后请完成书本第38页的1~5题。

六、板书设计

"圆柱与圆锥"的复习

特征　公式　应用

回顾　梳理　练习　拓展

等积变形

转化法　实验法

第四篇

小学数学自主发展的

阅读与思考

开卷有益，教读人生

——读《胡适论教育》一书有感

读师范的时候，老师曾语重心长地对大家说，当老师的，要给学生一杯水，自己得有一桶水。踏上讲台后，才发现，当老师一桶水是不够的，得装上自来水。职业的独特性要求教师需努力做到"问渠那得清如许？为有源头活水来"。正因为这样，这几年教师队伍的继续教育培训抓得特别紧、特别实、特别细。每一次培训，专家们都把最前沿、最重要的教育理念、研究成果和经验传授给我们，使我们的管理水平和专业素养得到进一步的提升。随着"互联网+"时代的到来，人们更习惯于通过自媒体获取和传播信息，"机"不离手已是一种新常态。虽说这种现象还不至于颠覆传统的阅读观，却不可避免地造成知识的快餐化、碎片化、空心化。如果想读点系统性较强的书，恐怕还是离不开传统的书籍。因此，暑假闲暇之余，我捧起了《胡适论教育》一书，读了起来。

胡适是著名思想家、文学家、哲学家。徽州绩溪人，以倡导"白话文"、领导新文化运动闻名于世。他幼年就读于家乡私塾，19岁考取庚子赔款官费生，留学美国，师从哲学家约翰·杜威，1917年夏回国，受聘为北京大学教授。1918年加入《新青年》编辑部，大力提倡"白话文"，宣扬个性解放、思想自由，与陈独秀同为新文化运动的领袖。胡适一生的学术活动主要在文学、哲学、史学、考据学、教育学、红学几个方面。《胡适论教育》一书尽显胡适的赤子之心和教育情怀。这本书涉猎非常广，论文化、论教育、论治学、谈读书等，其中对我触动最大、影响最深的莫过于《习惯重于方法：胡适谈读书治学》一文。读完胡适关于读书治学的文章，其中的"习惯重于方法"亲身经验，引起了我的共鸣，让我深受启发。

一、"人求上进先读书"——开卷有益

为何读书？胡适讲了很多，归纳起来共有三点：第一，因为书是过去已经知道的智识学问和经验的一种记录，我们读书便是接受人类的遗产；第二，要为读书而读书，读了一些书便可以读更多的书；第三，读书可以帮助我们解决困难，应对环境，并可以获得思想材料的来源。第一、三点容易理解的。第二点胡适打了个很好的比方。他说，读书就好比是戴了眼镜，小的可以放大，模糊的可以看清楚，远的可以变为近的。读书就好比是这副眼镜，眼镜越好，对于其他书的解读能力也就越强。因为书读得越多，积累的知识越多，读书的能力也就越大。这便是"为了读书而读书"的意义所在。这三点分别说明了读书的继承、提升和致用三方面的用途，可以说非常朴实而深刻。当今科学技术突飞猛进，社会深刻变革，新事物层出不穷。高铁、支付宝、共享单车和网购风靡全世界。如果依然抱残守缺不思进取，何以为学生"传道，授业，解惑"？终身学习要求教师学习先进的教育理论，了解国内外小学教育改革与发展的经验和做法；优化知识结构，提高文化素养；具有终身学习的与持续发展的意识和能力做终身学习的典范。因此，为什么读书？李苦禅诗云："鸟欲高飞先振翅，人求上进先读书。"

二、"习惯重于方法"——学而不厌

怎么读书？胡适先生认为，首先要培养读书的习惯，习惯重于方法。对此我非常赞同，没有养成读书的良好习惯，又谈何读书的方法？关于读书的习惯，胡适讲了三点：一是勤，二是慎，三是谦。勤奋是成功的基础，读书做学问更不能自欺欺人。谨慎小心也是很重要的。读书要保持谦逊的态度，万不可自以为是，不经考察便妄下结论。"习惯重于方法"是读书的箴言。胡适的读书治学态度是令人敬重的。他在学术上影响最大的是提倡"大胆假设、小心求证"的治学方法，在传统"以经解经"经验基础上总结出归纳法研读古文，成为古文研究的重要方法之一，让每一位读者深深体会作者的"勤、慎、谦"的

阅读人生。

说到读书的具体方法，胡适先生留下了两个字："精"和"博"，也就是我们通常所说的"精读"和"泛读"。对于"精"字，胡适提出"四到"——眼到、口到、心到、手到。"手到"是走进文本、走近作者的必由之路。因为"手到"，我们养成了不懂就查阅资料的习惯；因为"手到"，我们养成了摘录好词好句的习惯；因为"手到"，我们养成了写心得随笔的习惯……我们学校也在营造"老师带头读，学生跟着读，家长一起读"的书香氛围，举办教师读书沙龙、学生经典诵读、朗读者在行动、编撰《龙江杏坛》系列丛书等读书活动，还把读书活动上升为读书节，就是希望师生能沐浴在书香中，做到"阅读启迪智慧，翰墨书写人生"，为教学生涯增添一抹亮色。"习惯+方法"是阅读不二法门，是读书人"立身以立学为先，立学以读书为本"的成功秘诀。

三、"绝知此事须躬行"——知行合一

知是行之始，行是知之成；知中有行，行中有知；以知为行，知决定行。作为一名老教师，职业的生涯像烙印一样，印下了自己的永恒不变的作息时间，印下了自己第一次担任班主任的忐忑不安，印下了第一次上公开课的不知所措，印下了第一次发表文章的兴奋，印下了第一次上台领奖的欣喜若狂……二十八年弹指一挥间。教育的人生有辛酸、有泪水，有坎坷、有曲折，有失败、有成功。突然间，有一天自己也成为所谓的"名师"时，才想起成功的道路并不简单。当课程标准的版本从1.0到2.0再到3.0升级时，我是否还在使用过去的老一套？当智慧校园来临，我是否还停留在口耳相传的故事里？面对这些人生或教育的问题有困惑，书上没有现成的答案，唯有教师自己亲身实践，才能找到最佳的解决办法。陆游说："纸上得来终觉浅，绝知此事要躬行。"一名教师从新手上路到熟练教师再到优秀教师的成长历程，他们的嬗变离不开教育科研。自我反思、同伴互助和专业引领是当下教育科研最有效、最重要的"三位一体"关系。如果有朝一日你成为"名师"，请记住苏霍姆林斯基的话："如果你想让教师的劳动能够给教师带一些乐趣，使天天上课不至于变成一种单调乏味的义务，那你就应当引导每一位教师走上从事研究这条幸福的道

路上来。"

　　人生要读懂三本大书：有字之书，无字之书和心灵之书。近三十年的教育人生，让我体会到要真正读懂这三本大书着实不易。面对未来，我想起当年师范毕业时老师的毕业赠言："桃李不言，下自成蹊"。

关注感情修养，完善教育人生

——读赵鑫的《教师感情修养论》一书有感

　　黑格尔说，假如没有热爱，世界上一切伟大的事业都不会成功，有两个因素就成为我们考察的对象：第一个是"观念"，第二个是人类的感情，这两者交织成为世界史的经纬线。教育是一项功在当代、利在千秋的伟大事业，教师必须始终保持对教育事业的热爱、对学生的热爱，暑假阅读了赵鑫的《教师感情修养论》，仿佛触摸到教师的感情线和事业线，教师感情是教师对教育世界人事的好恶感受和体验。全书从"（教师）角色—（教学）文化"的视角，阐明教师及其教学工作为何具有感情性，并探讨教师感情修养的必要性和特殊性。《教师感情修养论》一书通过对教师感情修养的探讨，不求"面面俱到"，但求"孤军深入""以点带面"，旨在丰富教学论研究与实践的感情维度，强调感情研究的教育学立场。在研究内容上，该书提出了教师感情修养的原创性理论，如感情本体理论、感情规则理论、感情管理理论和感情劳动理论等，从教师感情角度探寻教学之道。如果理解了教育之道，那就必须重视教师感情修养在教育中的地位，彰显教师感情修养的魅力与风采。读完之后深受启迪，现和大家分享如下。

一、重塑教育信仰，让人生有坐标

　　书中提出一个首要的问题：现在的生活环境、工作条件和经济待遇等和五十年代比要好很多，可是不少教师总觉得心理不平衡、压力大。生活水平的提高，为什么幸福感并没有提升？其实，这和教育信仰缺失、迷失或减弱有关。教师没有教育信仰，人生就没有坐标。教师通常担当着多种社会角色：学校管理者、教学骨干、慈父慈母或孝顺儿女等。他们要在工作、家庭和个人之间不断寻求平衡，时间、精力和物质等的分配与限制导致教师压力增加，容易产生或加重焦虑、易怒、抑郁等问题，而这些问题也增大了教师的压力。教师必须有坚定的教育信仰才能抵抗压力，在工作与生活中掌握平衡了，才能以饱满的热情投入教育工作。

2017年12月4日，北大教授秦春华在《中国教育报》发表文章指出，真正的教育就是一种信仰，就像柏拉图著名的"洞穴之喻"阐明的一样——它让你挣脱心灵的枷锁，实现灵魂上的自由和解放，获得重生。在我看来，不管社会如何变化，教育的形态如何变化，真正不变的，应该是我们对于教育的信仰。那么，我们的教育信仰应当是什么？教育的初心是"立德树人"，使命是"为党育人，为国育才"，这就是新时代的教育信仰。教育信仰能为教师引领人生坐标，提供强大的力量支持，永远保持教育热情，引导教师免受各种诱惑，把自己所有的力量集中在教育梦想的追求之中，从中体验生命的意义和价值，体验人生的幸福与真谛。

二、永葆教育操守，让人生有格局

"学高为师，身正为范"，是著名教育家陶行知先生的名言。"学高为师"指的是教师必须知识渊博，有高超的教育教学能力。"身正为范"指的是教师具有高尚人格，教师的言行是学生可供参照的道德标准，是为人师者一生的职业操守。

《教师感情修养论》一书明确指出，教师作为一项职业，必然具有相应行业道德底线和纪律红线。当教师把教育作为事业来做时，就是对教育操守的一种超越，成为对"学高为师，身正为范"的修养和追求。坚守教育操守，加强师德建设，让教师的人生具有大格局。这不仅关乎教师个人的发展，关乎学生的成长，更关乎教育强国建设，关乎民族复兴大业，因为教师是立教之本、兴教之源。作为一名有着三十一年教龄的老教师，这句格言一直是我的座右铭，引领我在教师岗位上"传道，授业，解惑"，培养了一批又一批的学子。我想，老师只要站在讲台上，捧起书本，拿起粉笔，就进入"不亦乐乎"的忘我境界。从此"捧着一颗心来，不带半根草去"，在平凡的工作岗位上不断沉淀自己的教育人生，不断磨砺师生的情谊，不断奉献一生的芳华。

三、涵养教育情怀，让人生有担当

雅斯贝尔斯说过："教育的本质意味着一棵树摇动另一棵树，一朵云推动另一朵云，一个灵魂唤醒另一个灵魂。"所以，真正的教育是唤醒懵懂，激励上进，点燃希望。按照《教师感情修养论》一书的理解，就是用信仰唤醒信仰，用热情唤醒热情，用梦想唤醒梦想……一言以蔽之，用自己的教育情怀成就学生的未来，成就百年大计。

教育是平凡而伟大的事业，是细腻而高尚的工作，需要付点爱心、费点心思、受点委屈、想点办法，让学生感觉被老师关爱和关注，得到老师的帮助和指导，让他们在班级中有存在感。如班队活动时，可拍下学生的精彩瞬间，记录下学生的成长；当气温下降时，及时提醒学生添衣保暖，让学生感受慈母般的温暖；考试考不好的，及时帮助学生分析原因和辅导，让他们在失落时重拾信心。学生犯错时，或严厉批评，或晓之以理，及时伸手拉一把……我们无法回避教师职业简单重复的特点，却要面对经常犯错、不断成长的学生。微笑面对学生，少一点怒火，多一点平和；少一次批评，多一次倾听；少一些苛责，多一些关爱。努力涵养教育情怀，承担起"立德树人"的责任。

四、执着教育梦想，让人生有价值

有一篇文章，开头是这样的：

小时候，老师问我："你长大后想做什么？"

我骄傲地回答："我想成为一名老师！"

说完胆怯但又充满崇拜地看着老师，当时我觉老师是无所不能的！

这里有两个悬念，一是他的教师是怎么回答的？二是这个孩子长大后当上教师了吗？当上什么样的老师？朴实无华但纯真的童心，道出了孩子心中的梦想。教育要有教育梦，教师要有教师梦，学生要有学生梦，这样前进才有动力，未来才有希望。

梦想从来都不是虚无缥缈的，就上例而言，在孩子眼中，教师是无所不能的，他非常崇拜教师。如果当时教师能给予充分肯定和鼓励，这对孩子一生将发挥积极的作用。因此，教育梦想的重心就应当为每个孩子播种梦想、点燃梦想，让更多孩子敢于有梦、勇于追梦、善于圆梦。

当这个孩子成为一名教师时，他的梦想成真了。但枯燥重复的工作，清贫烦琐的生活是教师必须面对的。每当梦想照进现实的时候，年轻人不可免俗地会出现迷惘、彷徨、纠结、无奈、失望。这时候，作为学校应当加强理想信念教育。近几年每一所学校都新招聘了不少年轻人，有些并非师范类毕业的，离一名合格的小学教师还有一些差距。原来的老教师评上职称后，遇上"高原期"后继乏力。为此，学校可以进行系统性培养：青蓝工程——把新手教师培养成熟练教师；名师工程——把熟练教师培养成骨干教师；卓越工程——把骨干教师培养成专家型教师。通过"学校搭台，你唱戏；你唱戏，我点赞"系列活动，为新手教师点燃梦想的火花，为熟练教师突破成长的瓶颈，为骨干教师打破发展的天花板，有力的推动教师队伍建设健康、科学、有序发展。让教师们继续执着教育梦想，让教育人生更有价值。

站在教师感情线和事业线的交汇处，我们看到，教师不仅要干一行、爱一行、专一行，还需要不断地修德、修言、修行，成己达人，完善自己的教育人生。

培育优势学科，共享优质教育

——读蓝作坤的《数说本源》一书有感

当前小学有道德与法治、语文、数学、外语、科学、信息技术、校本、书法教育、体育、音乐、美术、少队、综合实践等课程，各义务教育学校在实际执行过程中还存在以下问题：如有主科与次科之分，以语文、数学等为传统主科；有考试科目与非考试科目之分，以实际统考科目语文、数学、英语、科学等为重点；有监测学科和非监测学科，以省、市质量监测为导向进行强化教学；还有是因为非语、数学科专业教师短缺，导致学科教学成为短板等。按照德、智、体、美、劳全面发展的教育要求，学校应当统筹各学科课程的均衡发展和内在发展。为了破解这些难题，把握学科脉搏，精准领导学校课程改革，全面提升教育教学质量，笔者特地选了一本学科类书籍，以期以小见大、举一反三解决当下学科建设问题。这本书叫《数说本源》，由温州市实验小学数学教师蓝作坤所著。蓝作坤老师曾获全国学科整合优质课一等奖，被称作教育3.0时代实践第一人，是《三思·思维》教育思想创始人。蓝作坤老师通过三十多年的研究与课堂教学实践，提出了"三思·思维"教育思想。他主张以"保护孩子原始思维方式"为教学的起点，通过打造"源思、广思、活思"的教学体系，关注孩子思维发展的连接点，建构基本的思维模型，进而形成思维模式，培养孩子的思维能力。

《数说本源》是一本在小学数学学科教学有一定影响力的专著，蓝作坤老师对学科教学和课程建设贡献出自己的方案，有力促进了小学数学教育的发展。书中通过通俗的阐述与精彩的课例，全面梳理了小学数学对数的认识与学习，多个维度对数的究源研究，让教师对数的认识更加深刻与立体；丰富的数学教学课例，让教师对数学教学有全新的范本；完善的思维培养体系，让教师对数学教学有更高层次的追求。

"一花独放不是春，百花齐放春满园。"数学是所谓的传统"主科"，有许多先天的基础和优势，《数说本源》还关注了小学数学关于数的知识与教学方面，说明小学数学教学的研究及其参考已达到很高的水平。其他所谓的综合学科又该如何落实呢？如果从课程实施、学科建设和全面发展角度来看这本书的价值，笔者认为可以从学科素养培养、教学水平提高和优势学科培育三个层面谈谈我的体会和思考。

一、厘清学科知识脉络，培养学科素养

《数说本源》一书分为七章，依次是数的身份、数的单位、数的大小、数的读写、数之分数、数之小数、数的运算。从数的本源出发，界定数的边界，演绎数的变化，理清数的脉络，建构数的大厦。这种系统化学科知识对现有课程标准和教学用书是非常好的补充，对年轻的教师理解掌握教材、承前启后使用教材、拓展延伸挖掘教材提供了必要的知识储备。从这个层面上说，《数的本源》可以作为数学教师培训的必读书目。"问渠那得清如许？为有源头活水来"。学校如果能按照各学科需要建立起相应的"书目""书库"，定期组织相应的学科知识培训，就能较全面、系统地提升教师的学科素养。

二、钻研学科教学方法，提高教学水平

数学是研究数量关系和空间形式的科学。因此，数学是理性的、抽象的学问，对儿童来说，"抽象"是其必须跨越的"槛"。在《数的本源》一书中，作者在"课例分享"中融入了作者的教学经验和真知灼见。如在学习"倍的认识"时，需要处理好三个转化：①从默认量到显示量的转化；②从具体数到份数的转化；③从现成数到设（借）数的转化。这个片段为教师备课提供了关键解读和精准指导。而这项工作本质是化抽象为具体，帮助儿童理解、建立和跨越这道槛。由于不同学科有不同的规律和方法，学科之间的交叉重叠带来新教学方法的整合，信息技术和教学的深度融合，也带来新教学方式的改变。所有

这些，都给教师带来了极大的挑战。一个好的专业教师只有专业知识储备是不足以驾驭课堂的，还需要具备把知识"搬运"到学生的头脑中，形成学生自己的知识的能力。因此，学校要常态化开展学科教学研讨活动，着力研究教材教法，特别是新时代背景下学科融合的教学策略，切实提升教师的教学能力和水平，成就一个或几个本学科的教学带头人，再完成引领一批年轻的教学团队。

三、开展基地学校建设，培育优势学科

传统的主科和次科，考试科目和非考试科目等学科观念的形成有其历史和现实的原因。这也是义务教育学校全面贯彻党的教育方针必须直面的问题。从学科建设的层面上看，可以分三步走：第一步，配齐其中一两个综合学科教师；第二步，开展学科基地学校建设；第三步，全面均衡各个学科教学。其中第二步是关键步骤，学校在配齐这些学科教师的基础上，采用学科基地学校建设办法，通过课题研究、学科交流、专业引领等形式，优先培育和发展这些学科，使之发展具备一定的水平和影响力。通过这种统筹兼顾、适度优先的策略，确保学科均衡发展，让学生共享优质教育。

黄庭坚曾说："一日不读书，尘生其中；两日不读书，言语无味；三日不读书，面目可憎。"读书能引发思考，启迪思想，还能触类旁通，学以致用。教师就要多读书，不断完善自己的人格，成为学生学习的榜样。

让真正的阳光住进心里

——读肖川的《教育的理想与信念》一书有感

热爱一个学生就是在塑造一个高尚的灵魂，厌弃一个学生无异于毁灭一个美丽的梦想。教师这个职业是"太阳底下最光辉的事业"。我读了美国著名教师雷夫的《第56号教室的奇迹：让孩子变成爱学习的天使》，又读了全国著名特级教师李镇西的《做个好老师并不难》等著作，想从中西方不同的教室里寻找关于教育的答案。这些著作所蕴含的教育思想、原则、案例、故事，尽管有的历时弥久，视角不一，国情不同，但作者对教育的深度思考、对学生深沉的爱，在我看来是一样的。

最近我又重读了肖川的《教育的理想与信念》一书，自觉收获不少，感触很多。这是肖川2002年3月出版的一本教育随笔，至今已历二十多年，如果按书中"后记"所说的"批阅十载，增删五次"，不少文章从发表到现在都过了一二十个年头。但当你认真阅读完这本书之后，你不但不会觉得书中的观点和对教育的思考过时，反而会十分佩服作者的智慧与前瞻。《教育的理想与信念》一书所秉持的教育理想与信念对于当下的教育仍然有重要的领航意义。整本书洋溢着浓浓的人文情怀，在字里行间你能感受到作者对于教育、人生与社会独到而细腻的洞察与体会。细细品味了他的文章，文章中无处不体现着一种对美的追求和趋从。肖川用谦和的态度、亲切的语言和博爱的胸怀点燃我们激情，给予我们启迪，促进我们思考：怎样才能把孩子培养为一个有理性精神、有教养且有独立人格的人？

在肖川看来，教育首先应该是"人"的教育，而不仅仅是知识、文化等的传授和灌输。培养什么样的人？怎样才是最适合、最良好的教育？《教育的理想与信念》在"教育的意蕴"中有自己深层次的思考：建基于价值引导与自主建构相统一的教育，从学生的成长过程来说，是精神的唤醒、潜能的显发、内心的敞亮、主体性的弘扬与独特性的彰显；从师生共同活动的角度来说，是经验的共享、视界的融合与灵魂的感召。也就是说，教育是有目标和方向的。教师对学生的成长负有道义上的责任。这种"价值引导"其实就是人们通常所说的世界观、人生观和价值观在教育中的具体化。受教育者是有自由意志和人格尊严的、具体的、现实的个体，这种"引导"区别于"宰制、驱使、奴役"和"愚弄"。正如劳凯声为该书作序时写到的"教育的任务首先不在于教会受教育者多少知识和本领，它最基本的任务是教他们如何去发现生活世界中的真诚、善良和魅力，教他们用一颗真诚的心去融入社会、理解他人、关爱生命。"作为教师应尽力挖掘学生身上真、善、美的本质。

肖川推崇每一个人都要学会成为你自己，要长于展示自我、反思自我、超越自我、更新自我，他批评急于希冀学习给他们带来立竿见影的效果与实惠，这就需要我们以宁静、闲适的心绪来对待。他认为一位优秀教师需要做到"六个学会"：学会等待、学会分享、学会宽容、学会选择、学会合作、学会创新。书中特别阐述了"教育就是服务"的观点，希望教育者能努力做到"一切为了孩子，为了一切孩子，为了孩子一切。"

《第56号教室的奇迹：让孩子变成爱学习的天使》的作者雷夫也认为，教育其实平凡得没有任何捷径，教师应当是孩子成长中最可靠的肩膀。一间教室的空间是有限的，但它却能带给孩子无限的知识——我们从中分享到这样的教育智慧，就是获得了力量；也许，在未来也会创造一个奇迹。全国著名的特级教师李镇西也认为，做一个有教育情怀的教师应当具备三种"心"——童心、爱心和责任心。其中，最重要的是要有一颗童心，这是当好小学教师的前提。教师应该站在孩子的角度看待世界，要学会"用儿童的眼睛去观察，用儿童的耳朵去倾听，用儿童的大脑去思考，用儿童的兴趣去探寻，用儿童的情感去热爱……"只有这样，我们才能走进儿童的心里，成为呵护、陪伴儿童成长的引路人。当我们用童心、爱心和责任心为儿童守护那一片晴空时，这些美丽的天使便可以自由自在地翱翔。因此，对于成长中的学生而言，教育是精神的唤醒、潜能的显性、内心的敞亮、主体性的弘扬与独特性的彰显。对待学生，特别是一些学习落后的、表现不好的、个性较强的学生，教师要多一些爱心和耐心，不断帮助他们发现自己的优点和长处，尽一切可能让每一个孩子在阳光下茁壮成长。

在教育学这一领域，任何缺乏彻底的人文关怀的探索，是注定走不了太远的。《教育的理想与信念》是一本融哲学的理趣、散文的韵致等于一体的教育随笔集。与严谨到近乎刻板的教育学专著不同，书中的许多文字都给人留下了深刻的印象，甚至让人感动，读起来常常令人茅塞顿开、内心敞亮、振聋发聩、回味无穷。这本书的独到之处在于：将理想的思辨诉诸感性的文字，将深沉的教育话题插上了诗意的翅膀。对于一线的教师而言，阅读这样的书籍就是"让真正的阳光住进心里"，能帮助我们扫除遮蔽内心的雾霾，带着不变的理想，准备迎接明天。

读书是多多益善

——读《人是如何学习的Ⅱ：学习者、境脉与文化》一书心得

学习之于学生是重要的，因为有学习才会有进步，有发展，才能够成才。学习之于教师是重要的，因为要想给学生一滴水，自己就要有一桶水。学习之于社会是重要的，习近平总书记曾致信首届全民阅读大会，希望全社会都参与到阅读中来，形成爱读书、读好书、善读书的浓厚氛围。

毋庸置疑，学习是非常重要的，那么怎样的学习才有成效？学习科学领域的里程碑之作《人是如何学习的Ⅰ：大脑、心理、经验及学校》及其扩展版由美国国家理事会分别于1999年和2000年发布，成为学习科学领域人人知晓、人人必读的经典书目。在全球化背景下，科技和社会的进步，教育目标的调整与教育实践的创新，社会文化、学习环境的结构等学习影响因素的研究进展，一次又一次地冲击着经典的学校架构和课程教学模式，也带来了学习科学领域研究的快速发展和成果积累，这一领域也因此亟须再一次的回顾总结。在此背景下，美国国家科学院、美国国家工程院、美国国家医学院于2018年重磅推出了《人是如何学习的Ⅱ：学习者、境脉与文化》一书。

这本书聚焦2000年后的研究成果，分析了第一版未纳入的研究成果，以及认知科学、发展认知神经科学、学习与记忆、认知老化、文化对学习的影响、语言学习、学习中的情感与动机、学习障碍、学习评估等领域的发现，涉及基础研究、应用实施、科学成果推广传播等不同的研究类型。全书共10章，构成了文化的复杂影响、学习的类型与过程、知识推理、学习动机、对学校学习的启示、学习技术、贯穿一生的学习七大主题，提出了21条主要结论。其中着重

强调了文化境脉对学习重要而复杂的影响，分析了学习动态发展的本质，阐述了学习类型的多样性、过程的复杂性以及主动学习的重要性，考察了技术支持学习的特性，可以说是集学习科学核心研究主题的研究进展之大成作品。作为一名教育工作者，我对推动大阅读方法和成效特别感兴趣，希望学校的书香校园建设能在科学理念的指导下进行，为此，我对学校近年来大阅读活动进行了梳理和反思，以期实现更高水平的书香校园建设。

一、营造基于文化的阅读氛围

《人是如何学习的Ⅱ：学习者、境脉与文化》一书指出，境脉和文化对学习有着重要而复杂的影响，因此校园环境要围绕促进学习者进行学习设计和建设，营造基于文化的阅读氛围。校园文化建设包括物质文化建设、非物质文化建设两个方面，两者全面、协调、可持续发展，建构起促进学习的校园文化体系。这里我把校园文化建设具体化为理念文化、环境文化、行为文化和课程文化四种。如漳平市实验小学楼道设计——科技之路、阅读之路、艺术之路、龙江书苑、龙江书吧等作为环境文化的一部分，而"龙江少年""龙江杏坛""龙江春芽"等为课程文化的一部分。

学校领导，首先是教育思想上的领导，其次才是行政上的领导。校园文化建设就是一部立体、厚重、多彩的教科书，它诠释了历任校长的教育思想理念和共同价值观，春风化雨般陶冶着学生的情操，净化着学生的心灵，塑造着学生的人格。在这样的校园文化背景下的阅读就有了"根"，有了"魂"，有了生命的意义。

二、建设基于兴趣的阅读群体

兴趣指兴致，对事物喜好或关切的情绪。心理学家认为兴趣是人们力求认识某种事物和从事某项活动的意识倾向，表现为人们对某件事物、某项活动的选择性态度和积极的情绪反应。兴趣是最好的老师，不过兴趣也会发生改变。《人是如何学习的Ⅱ：学习者、境脉与文化》指出，学习者有两种兴趣得到确认：一种是个体兴趣，被视为个体的相对稳定的属性，它的特点是学习者与某个领域形成了持久的联结，并且有着随时间推移而不断投入该领域进行学习的意愿；另一种叫情境兴趣，指的是在对任务或学习环境的特定特征进行回应时而自发产生的心理状态。情境兴趣具有可塑性，可影响学生的参与与学习，并受教育者使用或支持的任务和材料的影响，鼓励学生参与和影响他们态度的一些做法可能会在一段时间内提升学生的个人兴趣和内在动机。这就需要建设一支有着共同兴趣的群体来互相促进。俗话说，一个人可能走得更快，但是一群人会走得更远，这就是团队的力量。基于此，我们提出"老师带头读，学生跟着读，家长一起读"，形成基于阅读兴趣的一个读书群体。同时在各年段成立家校读书共同体，以年段家庭为单位，由学校提供推荐书目，开展亲子阅读，每一次阅读分享，极大地推动了阅读活动的开展。

三、开展基于科学的阅读活动

书中指出，个体的学习者不断有意或无意地整合多种类型的学习，以应对将遇到的情况和挑战。学习者整合学习功能的方式由其所处的社会和物理环境所塑造，同时这也塑造了其未来的学习。按照这个理论，我们向省教育科学领导小组申报立项了课题"小学生'三读'能力培养策略研究"，通过研究由教师、学生、家长三种学习者组成的阅读共同体，开展经典诵读、海量阅读和美文精读三种阅读形式，坚持做到"四个一"：日记一则（名言）、周诵一首（古诗）、月漂一本（书籍）、年过一节（读书节），每年坚持编写《龙江杏坛》（教师读书心得体会）、《龙江春芽》（学生读书习作）、《龙江少年》（学生养成教育）三种校本。通过科学整合学习者、阅读方式、阅读成果，处理好小课堂和大阅读的互补关系，关注了阅读数量、阅读质量、阅读效率三者的整体关系。基于科学的阅读研讨活动，极大地提高了学习者的阅读品质，推动了大阅读向更高水平发展。

四、完善基于激励的阅读评价

书中认为，评价对于促进和监控学生的学习是一个关键的工具。如果以清晰的学习模型为基础，评价信息可以用来缩小学生在学习和表现上的当前水平和期望水平之间的差距。基于此，我们建立了一整套促进阅读的评价体系，分两条轨道：一条是书香系列，即书香少年、书香班级、书香家庭，利用每年的读书节进行表彰，主要在于营造书香氛围；另一条是"五星"系列，即文明之星、阅读之星、科技之星、智慧之星、艺体之星，其中阅读之星是以进阶读书量化为依据，主要包括记忆格言警句、背诵经典美文、发表习作随笔等。"五星"系列每年"六一"进行表彰，评上者的肖像被展示在学生的"星光大道"上。人们在整个生命历程中不断学习和成长，他们的选择、动机、自我调节能力以及他们的境遇，会影响其学到多少、学得如何，也会影响其将学习向新情境迁移多少，迁移如何。这些评价主要是过程性评价，意在改变学习者"学海无涯苦作舟"的消极心态，永远葆有"问渠那得清如许？为有源头活水来"的积极心态。

我们要把读书学习当成一种生活态度、一种工作责任、一种精神追求，在爱读书、勤读书、读好书、善读书中提高思想水平、解决实际问题、实现自我超越。

核心素养视角下自主发展理念的实践与思考

——读《核心素养与教学改革》一书心得体会

　　核心素养是当今世界各国课程改革的风向标和主基调。《中国学生发展核心素养》研究成果发布以来，人们在思考核心素养怎么落地、怎么发展、怎么评价、核心素养和课程的关系等问题。为了全面、准确理解和把握核心素养精神实质，我在去年阅读《学生发展核心素养三十人谈》的基础上，进一步研读了《核心素养与教学改革》一书。《核心素养与教学改革》一书由钟启泉和崔允漷两位教授编写，分为核心素养、核心素养与教学改革和核心素养与评价改革三部分。全书从中观层面论述了学科核心素养和教学与评价改革，指出学科核心素养是学科教育在全面贯彻党的教育方针、落实立德树人根本任务、发展素质教育中的独特作用，是学科育人价值的集中体现，是学生通过学科学习之后而逐步形成的正确价值观念、必备品格和关键能力。对学校的办学思想体系、教学改革与评价等都有着重要的指导和借鉴意义。通过认真学习其中的理论成果和实践案例，对我校二十多年的"自主发展"办学理念和改革实践进行梳理和比较，确保德、智、体、美、劳"五育"并举，全面发展学生的核心素养。

一、自主学习中发展核心素养

　　自主学习是与接受学习相对应的一种学习方式。自主学习以学生作为学习的主体，学生通过独立地分析、探索、实践、质疑、创造等方法来实现学习目标。我校从1998年始，在教育部福建师范大学基础教育课程研究中心余文森教授的带领下，开展了"指导—自主学习的研究""新课程与学习方式转变的研究""新课程背景下指导—自主学习的深化研究"和"能力导向的课堂有效教学模式的研究"等自主学习的系列研究，积累了丰富的经验。书中《核心素养框架构建：自主学习能力的视角》一文中指出，自主学习能力是核心素养框架的本质与核心，因此，自主学习能力是核心素养体系构建的最佳切入点，要落实核心素养到课程与教学实践中，可从借助自主学习能力框架推进基于核心素养的课程整合，通过对学生在不同学科的自主学习能力测评，推进学科素养体系的建设，通过对学生在不同学科的自主学习能力测评，推进素养本位的教学实践与研究。为此，我们经过多年的研究，推出了《漳平市实验小学语文导学案》和《漳平市实验小学数学导学案》。《导学案》分"预习先行站"和"随堂快乐坊"两部分组成，"预习先行站"意在培养学生的预习习惯和能力，"随堂快乐坊"目的是检测课堂学习成效和指导教学。这项研究成果在教研层面上叫"一体三面"，在教学层面上叫"一案三导"，2018年10月在漳平市教育科研成果推广现场会上获得推广，同期《福建教育》杂志也进行了报道。从课程与教学实践来看，我们认为自主学习是发展学生核心素养的重要视角。

二、在自主实践中发展核心素养

如何实现教育目标？从根本上说主要有两个途径：一是通过系统的课堂教学，使学生获得书本上的知识；二是通过社会实践活动，使学生掌握应用书本知识的能力。二者互为补充、相辅相成。我们强调"立德树人""教育与生产劳动相结合""知行合一"，其根本目的是培养全面发展的人。书中李树培在《综合实践活动课程核心素养与评价探析》一文中指出，作为体现跨学科、综合性和实践性的综合实践活动，它的核心素养具体体现为综合学习能力、实践创新能力、交往协作能力、社会服务能力、数字素养等，这些素养不是顷刻即成的东西，也不是有待追寻的静物，其养成是一个渐进的过程，其本质是一种思维和行事的理念和态度。对照这个观点，我校连续开展六届科技节活动，让学生完成"六个小"——小收藏、小种植、小养殖、小制作、小发明、小论文，践行"科技从小做起，创新伴我成长"的理念，全面培养学生的创新能力和创新精神，学生的科技创新作品和人工智能比赛多次获国家、省、市级奖项；开展了"沿着先烈的足迹"研学旅行、"我爱劳动"的劳动基地实践活动、红领巾国防教育基地体验活动以及"七彩校园"学生社团活动等，这都体现了新时代少年儿童"读万卷书，行万里路"的"知行合一"和"自主实践"的理念。

三、在自主管理中发展核心素养

《核心素养与教学改革》一书的序言明确指出，作为课程与评价概念，核心素养是一种完整的育人目标体系。从抽象到具体，核心素养可以分为三层：顶层是教育目的，中层是学科育人目标，底层是课堂教学目标。这三层自上而下不断具体化，自下而上不断抽象化，构成了课程育人的完整框架，也体现了课程育人的复杂性与专业性。因此，在教育实践中，如何在人与人、人与社会的关系中让学生有一个清晰的定位？如何在学校教育和活动中让学生学会认识自我，认识他人，认识集体，与人相处，与人合作，尊重他人，互助友爱？教育必须明确回答"培养什么人""怎样培养人"和"为谁培养人"这三个根本的问题。这些年，我们结合少先队和德育工作提出"自主管理"的主题，即"雏鹰展翅学管理，自尊自立我能行"。通过开展"四大"评比学生自治、大队干部"公推直选"、七彩社团任我行、志愿者行动以及和乡村学校少年宫"结对共建"等系列活动，全面践行社会主义核心价值观，学生文明素养、自主管理能力、社会服务能力、发挥特长能力显著提升。

四、在自主评价中发展核心素养

核心素养是指学生借助学校教育所形成的解决问题的素养与能力。21世纪的学生需要能够面对复杂情境来有效地解决问题，而这种素养和能力需要通过学校教育来得到发展。"培养什么人""怎样培养人"和"为谁培养人"也被增加了相应的新品质和新内涵，这就是当前核心素养日益受到人们关注的根源所在。要准确理解和发展学生的核心素养，使之进步成长看得见、摸得着、可视化、可测评，强化评价的诊断、激励与发展功能，及时掌握、跟踪和提升学生的核心素养。

纵观国际学科核心素养教育评价，最具影响力的当数国际学生评估项目

（PISA）。这是一项由经济合作与发展组织负责的学生能力国际评估计划，主要对接近完成基础教育的15岁的学生进行评估，测试学生是否掌握参与社会所需要的知识与技能。该测试自2000年开始，每3年实施1次，每次测试分别侧重阅读素养、数学素养、科学素养。PISA测试框架也深度影响着教育，义务教育质量监测就是近几年新的趋势和要求，包括校长与教师网络问卷、两到三个学科的质量监测（如2018年的小学语文、美术和音乐，2019年的小学科学和德育）。这些质量监测的理念、题型和要求对传统的教育教学产生极大的压力，从而倒逼新一轮的教学改革，对今后的教育教学产生极大的影响。

PISA测试主要侧重于语文、数学、科学三大学科素养，属于中观层面。按照中国学生发展核心素养定义为学生所需的"关键能力和必备品格"，实现"立德树人"的基本要求，我校以培养担当民族复兴大任的时代新人为着眼点，强化教育引导、实践养成、制度保障，把社会主义核心价值观融入教育的方方面面，转化为师生们的情感认同和行为习惯。根据社会主义核心价值观和学校的办学特色，我校开展"五星"（文明之星、阅读之星、智慧之星、科技之星和艺体之星）认定活动，获评学生的照片将登上学校的"星光灿烂"墙，科技活动剪影和作品也将在科技之路上展出。之所以用"认定"而非"评定"，差别在于"认定"是按照一定的标准和规则通过努力而获得的荣誉，评价主体是学生自己，是一种自主评价；"评定"的评价主体是教师，是一种被动评价。例如，我们对"科技之星"的评价标准是：①科幻画在校级获一等奖或在市级以上获奖；②科技实践活动在校级获一等奖或在市级以上获奖；③科技创新作品在学校科技节中获一等奖，或在市级以上青少年科技创新大赛中获二等奖以上。学生只要符合其中两个条件就可以认定为"科技之星"并获得表彰。

综上所述，以研读《核心素养与教学改革》一书的契机，从课程建设和教学实践的角度尝试审视我校"自主发展"的教学改革与实践，明晰了这些年我们从自主学习、自主实践、自主管理和自主评价四个方面发展学生核心素养的路径，初步形成具有一定特色和实效的培养落地框架。

学生发展核心素养的校本化思考与探索

——读《学生发展核心素养三十人谈》有感

　　自国家提出核心素养以来，核心素养跃升为我国基础教育界的新热点，成为深化基础教育改革、实施素质教育的关键要素。对学生核心素养的培育，成为当前教育教学深化改革的重点。如何寻找核心素养培育的技术路径在"依靠什么"的问题上发力，是落实核心素养最紧迫的任务，也是避免核心素养落空的根本所在。成尚荣（国家督学，江苏省教育科学研究院研究员，江苏省教科所原所长）指出，对于核心素养，学校应当有自己表达的，……学校表达实际是学校的创造。学校表达的主题，就是寻找核心素养落地的力量。在读完杨九诠主编的《学生发展核心素养三十人谈》一书后，对照我国学生发展核心素养的总体框架，结合我校多年来办学特色追求和教改实践，我谈一谈发展学生核心素养的校本化表达，思考和探索核心素养如何在学校落地生根。

一、对照价值定位，把握正确的方向

　　2014年，《教育部关于全面深化课程改革落实立德树人根本任务的意见》提出，教育部将组织研究提出各学段学生发展核心素养体系，明确学生应具备的适应终身发展和社会发展需要的必备品格和关键能力。核心素养是党的教育方针的具体化，是连接宏观教育理念、培养目标与具体教育教学实践的中间环节。对照我校的办学宗旨"为学生的终身发展奠基，为学生的终身幸福着想"，再对照我校的校训"勤学好学，有志有为"，明确提出"为学生的终身"的育人目标，从基础教育层面回答了"立什么德、树什么人"的根本问题，明确了基础教育的价值定位，牢牢了把握正确的教育方向，引领学校课程改革和育人模式变革。

二、对照基本内涵，找准教育的载体

核心素养课题组历时三年集中攻关，并经教育部基础教育课程教材专家工作委员会审议，最终形成研究成果，确立了以人的全面发展为核心，包括文化基础、自主发展、社会参与三个方面的内容。对照发展学生核心素养的基本内涵，我校积极打造"自主管理""教育科研""书香校园""科技创新"四张名片，形成"自主教育，奠基人生"的办学特色。

（一）"自主管理"名片

活动主题：雏鹰展翅学管理，自立自强我能行。

活动载体："公推直选"少先队大队干部、学生自治管理、红领巾志愿者、班级"三会一课"（班委会、班会、主题队会和早会课）。

（二）"教育科研"名片

活动主题：自主学习促发展，教育科研铸品牌。

活动载体："一体三面"教研模式，即以省级课题为主体，做好子课题领衔小组、月教研活动和案例研讨三方面工作。

（三）"书香校园"名片

活动主题：阅读启迪智慧，翰墨书写人生。

活动载体：日记（书）一则，周诵（晒）一首，月漂一本，年过一节（读书节或书画展）。

（四）"科技创新"名片

活动主题：科技从小做起，创新伴我成长。

活动载体："六个小"——小发明、小论文、小实验、小制作、小种植/小养殖、小收藏；"五个一"——每学期至少读一本科普读物、听一场科普报告、看一部科普影片、参观一次科普展览，开展一项科普竞赛；一个节——每年举办为期一个月的科技节活动。

经过精心打造，"四张名片"成为学校重要品牌。我们找到了适合学生发展核心素养的载体，夯实学生的文化基础，培养学生科学精神，促进学生自主发展和身心健康。

三、对照综合表现，拓宽培养的渠道

学生发展核心素养综合表现为人文底蕴、科学精神、学会学习、健康生活、责任担当、实践创新六大素养。这六大素养是跨学科的，如人文底蕴，包括人文积淀、人文情怀、审美情趣等。六大素养不是低级素养，而是高级素养；不是全面素养，而是关键素养，是学生成长的必备品格和关键能力。

当前，我国基础教育正从"知识本位"时代走向"核心素养"时代，这是一个全球性的教育趋势。在首都师范大学石鸥教授（博士生导师，首都师范大学课程与教学论研究所所长）看来，知识本位的学生发展，是从"小蝌蚪到大蝌蚪"的变化，核心素养本位的学生发展，才是从"小蝌蚪到青蛙"的变化。对照学生发展核心素养的六大综合表现，恰当的培养渠道包括以下四个方面。

（一）课题研究聚焦核心素养

课题的申报和研讨应当以学生为主体，针对学生发展核心素养的各个方面。漳平市实验小学是福建省教改示范性建设学校和教育科研基地学校，同时也是教育部福建师范大学基础教育课程研究中心实验学校，目前相对应的省级课题有"构建融合各学科思想方法的研究与实践""基础智慧课堂的精准教学模式的研究""核心素养下小学生应用意识培养策略的研究"和"核心素养下小学生'三读'能力的培养的研究"。这些课题围绕学生主体面对成长、面对未来、面对社会应当从哪些侧面发展核心素养而开展。

（二）学科教学聚焦核心素养

学科教学是学生发展核心素养的主渠道，每个学科都有自身的学科素养，学科素养不等同于核心素养，但学科素养却是发展学生核心素养的重要基础和必备条件。因此，学科教学应当对照学生发展核心素养的框架，全面聚焦核心素养的综合表现，在课堂教学、课题研究、质量监测等方面探索发展学生跨学科的必备品格和关键能力，积极寻求发展学生核心素养的校本化表达。

（三）校园文化聚焦核心素养

校园文化既基于学校的历史，又引领学校的未来，对学生有着"润物细无声"的效果。漳平市实验小学的校园文化从三个维度熏陶学生的灵魂，追求真、善、美，培养学生优秀的品格和良好的习惯。

第一，传统文化维度：学校倡导在中华优秀传统文化中汲取营养，在走廊墙面悬挂国学名言警句，如"博学之，审问之，慎思之，明辨之，笃行之"等。学校坚持开展"诵经典，写中华"活动，每天早会课举行诵读经典，每星期一开展周诵（晒）一首，通过诵读《三字经》《弟子规》《千字文》《唐诗三百首》等选段，营造浓厚的国学文化氛围，夯实历史文化底蕴。

第二，校史文化维度：学校通过每月纪事、毕业典礼（每一位毕业生走毕业门，在记忆瓶里留下一句话"写给未来的我"）、荣誉上墙、校友简介等方式传承学校的历史文化和重要人物纪事，时机成熟时还可以建立校史馆，让每一位从这里走出去的学生将来能找到"母校"的感觉，形成"今日我以学校为荣，明日学校以我为荣"的责任担当意识。

第三，特色文化维度：每一所学校都有自己的办学特色，对于特色文化，我校有自己的思考。九龙江贯穿于漳平市区，是漳平人民的母亲河。学校的办学特色定位是"自主教育，奠基人生"。因此，我们以"龙江"文化为底色，打造《龙江书吧》《龙江书苑》《龙江杏坛》《龙江春芽》等龙江文化系列。以特色办学为抓手，打造阅读之路、科技之路、音乐之路、体育之路、美术之路和星光灿烂墙等。

（四）综合实践活动聚焦核心素养

学校的社团活动、研学旅行、校运动会、春秋游户外活动和劳动基地实践等都是发展学生核心素养不可或缺的平台。其中社团活动是最受学生欢迎、最能发展学生的特长和潜能的活动，我校开展"七彩校园，魅力社团"活动，全校共开设七大类、五十六个社团，满足了学生的兴趣，开发了学生的潜能。借助社团活动，让学生和学生之间在参与、合作和交往中，把静态的知识、动态的技能、个人的潜质内化为个人素养，在处理人与物、人与事、人与人之间的关系中，学会学习、健康生活、责任担当、实践创新，形成必备品格和关键能力，从而发展了学生的核心素养。

四、对照总体框架，开展科学的评价

学生核心素养的中国化表达具体细化为国家认同、社会责任、国际视野等

18个基本要点。各素养之间相互联系、相互补充、相互促进，在不同情境中整体发挥作用。为方便实践应用，将18个基本要点进行了具体描述。根据这一总体框架，可针对学生的年龄特点进一步提出各学段的具体表现要求。也就是为未来学生发展核心素养画了一个直观的、可供操作的评价标准，也为基础教育根据学生的年龄特点进行校本化表达提供了依据和指导。对照总体框架，我们学校的具体做法是：

第一，指向综合的评价：包括平时的成长记录袋（记录学生的身份与愿望、成长的兴趣与特长、成长的故事与足迹、成长的收获与评价等）、学期的素质报告册、小学毕业纪念册等。

第二，指向专门的评价，主要包括以下三个方面：

1. 品格的评价：文明之星（品行端正，习惯优良，相处友好）。

2. 学业的评价：智慧之星（成绩好，竞赛优，技能强）。

3. 能力的评价：针对学生的兴趣特长而专设的单项评价，如阅读之星、科技之星、体育之星、艺术之星、自力之星等。

发展学生的核心素养，本质上是落实"立德树人"根本任务，是培养目标的进一步细化。核心素养的校本化表达，目的是寻找核心素养落地的力量、抓手和渠道，让核心素养真正落实、落准，真正在学校落地生根，在学生身上开花结果。